理 コトワリ

KOTOWARI

五〇〇点刊行記念

関西学院大学出版会の総刊行数が五〇〇点となりました。
草創期とこれまでの歩みを歴代理事長が綴ります。

1997–2025

関西学院大学出版会
KWANSEI GAKUIN UNIVERSITY PRESS

未来の教育を語ろう

關谷《せきや》 武司《たけし》
関西学院大学教授

著者は現在六四歳になります。思えば、自身が大学に入学した頃に、パーソナル・コンピューター（PC）というものが世に現れ、最初はソフトウェアもほとんどなく、研究室にあるただの箱のような扱いでした。それが、毎年毎年数倍の革新的な能力アップを遂げ、あっという間に、PCなくしては、研究だけでなく、あらゆるオフィス業務が考えられない状況が出現しました。その後のインターネットの充実は、さらに便利な社会をもたらし、近年はクラウドやバーチャルという空間まで生み出しました。そして、数年前から、ついに人工知能（AI）の実用化が始まり、人間の能力を超える存在にならんとしつつあります。ここまでの激的な変化が、わずか人間一代の時間軸の中で起こってきたわけです。

もはや、それまでの仕事の進め方は完全に時代遅れとなり、昨年まであった業務ポストがなくなり、人間の役割が問い直されるまでに至りました。この影響は、すでに学びの場、学校や大学にも及んでいます。

これまで生徒に対してスマートフォンの使用を制限していた中学や高等学校では、タブレットが導入され、AIを使う生徒の姿に教師が戸惑う光景が見られるようになりました。教室で、AIなどの先進科学技術を利用しながら、子どもたちに、何を、どのように学ばせるべきなのか。これは避けて通れない目の前のことで、教育者はいま、その解を求められています。しかし、学校現場は日々の業務に忙殺されており、立ち止まって現状を見直し、高い視点に立って将来を見据えて考える、そんな時間的余裕などはとてもありません。ただただ、「これでいいわけはない」「今後に向けてどのような教育があるべきか」

など、焦燥感だけが募る毎日。

この書籍は、そのような状況にたまりかねた著者が、仲間うちの教育関係者に訴えかけて円卓会議を開いた、そのときに話された内容を記録したものです。まずは、僭越ながら著者が基調講演をおこない、続いて小学校から高等学校までの現場の先生方、そして教育委員会の指導主事の先生方にグループ討議をしていただきました。それぞれの教育現場における課題や懸念、今後やるべき取り組みやアイデアの提示を自由に話し合い、互いに共有しました。そして、それを受けて、大学の異なるご専門の先生方から、大学としていかなる変革が必要となるか、コメントを頂戴しました。実に有益なご示唆をいただくことができました。

では、私たちはどのような一歩を歩み出すべきなのでしょうか。社会の変化は非常に早い。

そこで、小学校から高等学校までの学校教育に多大な影響を及ぼしている大学教育に着目しました。それはまた、輩出する卒業生を通して社会に対しても大きな影響を及ぼす存在です。

一九七〇年にOECDの教育調査団から、まるでレジャーランドの如くという評価を受けてから半世紀以上が経ちました。もはや、このまま変わらずにはいられない大学教育に関して、大胆かつ具体的に、これからの日本に求められる理想としての大学の姿を提示してみました。遠いぼんやりした次世紀の大学ではなく、シンギュラリティが到来しているかもしれない、二〇五〇年を具体的にイメージしたとき、どういう教育理念で、どのようなカリキュラムを、どのような教授法で実施するのか。いま現在の制約をすべて取り払い、自らが主体的に動ける人材を生み出すために、妥協を廃して考えた具体的なアイデアを提示する。この奇抜な挑戦をやってみました。

このような大学がもし本当に出現したなら、社会にどのようなインパクトを及ぼすでしょうか。消滅しつつある、けれど本来は資源豊かな地方に設立されたら、どれほどの効果を生み出すでしょうか。その影響が共鳴しだせば、日本全体の教育を変えていくことにもつながるのではないでしょうか。

そんな希望を乗せて、この書籍を世に出させていただきました。批判も含め、大いに議論が弾む、その礎となることを願っています。

関西学院大学出版会の誕生と私

荻野《おぎの》　昌弘《まさひろ》
関西学院理事長

一九九五年は、阪神・淡路大震災が起こった年である。関西学院大学も、教職員・学生の犠牲者が出て、授業も一時中断した。この年の秋、大学生協書籍部の谷川恭生さん、岡見精夫さんと神戸三田キャンパスを見学しに行った。新しいキャンパスに総合政策学部が創設されたのは、震災が起こった一九九五年の四月のことである。震災という不幸にもかかわらず、神戸三田キャンパスの新入生は、活き活きとしているように見えた。

その後、三田市ということで、三田屋でステーキを食べた。その時に、私が、そろそろ、単著を出版したいと話して、具体的な出版社名も挙げたところ、谷川さんがそれよりもいい出版社があると切り出した。それは、関西学院大学生活協同組合出版会のことで、たしかに蔵内数太著作集全五巻を出版している。生協の出版会を基に、本格的な大学出版会を作っていけばいいという話だった。

震災は数多くの建築物を倒壊させた。それは、不幸なできごとであったが、そこから新たな再建、復興計画が生まれる。何か新しいものを生み出したいという気運が生まれてくる。私は、谷川さんの新たな出版会創設計画に大きな魅力を感じ、積極的にそれを推進したいという気持ちになった。

そこで、まず、出版会設立に賛同する教員を各学部から集め、設立準備有志の会を作った。岡本仁宏（法）、田和正孝（文）、田村和彦（経＝当時）、広瀬憲三（商）、浅野考平（理＝当時）の各先生が参加し、委員会がまず設立された。また、経済学部の山本栄一先生から、おりに触れ、アドバイスをもらうことになった。

出版会を設立するうえで決めなければならないのは、まずその法人格をどのようにするかだが、これは、財団法人を目指す任意団体にすることにした。そして、何よりの懸案事項は、出版資金をどのように調達するかという点だった。あるときに、たしか当時、学院常任理事だった、私と同じ社会学部の髙坂健次先生から山口恭平常務に会いにいけばいいと言われ、単身、常務の執務室に伺った。山口常務に出版会設立計画をお話し、資金を融通してもらいたい旨お願いした。山口さんは、社会学部の事務長を経験されており、そのときが一番楽しかったという話をされ、その後に、一言「出版会設立の件、承りました」と言われた。事実上、出版会の設立が決まった瞬間だった。

その後、書籍の取次会社と交渉するため、何度か東京に足を運んだ。そのとき、谷川さんと共に同行していたのが、今日まで、出版会の運営を担ってきた田中直哉さんである。東京出張の折には、よく酒を飲む機会があったが、取次会社の紹介で、高齢の女性が、一人で自宅の応接間で営むカラオケバーで、バラのリキュールを飲んだのが、印象に残っている。

取次会社との契約を無事済ませ、社会学部教授の宮原浩二郎編集長の下、編集委員会が発足し、震災から三年後の一九九八年に、最初の出版物が刊行された。

ところで、当初の私の単著を出版したいという目的はどうなったのか。出版会設立準備の傍ら、執筆にも勤しみ、第一回の刊行物の一冊に『資本主義と他者』を含めることがかなった。新たな出版会で刊行したにもかかわらず、書評紙にも取り上げられ、また、読売新聞が、出版記念シンポジウムに関する記事を書いてくれた。当時大学院生で、その後研究者になった方々から私の本を読んだという話を聞くことがあるので、それなりの反響を得ることができたのではないか。書店で『資本主義と他者』を手にとり、読了後すぐに連絡をくれたのが、当時大阪大学大学院の院生だった、山泰幸人間福祉学部長である。また、いち早く、論文に引用してくれたのが、今井信雄社会学部教授(当時、神戸大学の院生)で、今井論文は後に、日本社会学会奨励賞を受賞する。出版会の立ち上げが、新たなつながりを生み出していることは、私にとって大きな喜びであり、出版会が、今後も知的ネットワークを築いていくことを期待したい。

『資本主義と他者』1998年

資本主義を可能にしたものは？　他者の表象をめぐる闘争から生まれる、新たな社会秩序の形成を、近世思想、文学、美術等の資料をもとに分析する

草創期をふり返って

宮原《みやはら》 浩二郎《こうじろう》
関西学院大学名誉教授

関西学院大学出版会の刊行書が累計で五〇〇点に到達した。ホームページで確認すると、設立当初の一〇年間は毎年一〇点前後、その後は毎年二〇点前後のペースで刊行実績を積み重ねてきたことがわかる。あらためて今回の「五〇〇」という大台達成を喜びたい。

草創期の出版企画や運営体制づくりに関わった初代編集長として当時をふり返ると、何よりもまず出版会立ち上げの実務を担った谷川恭生氏の面影が浮かんでくる。当時の谷川さんは関学生協書籍部の「マスター」として、関学内外の多くの大学教員や研究者を知的ネットワークに巻き込みながら、学術書を中心に本の編集、出版、流通、販売の仕組みや課題を深く研究し、全国の書店や出版社、取次会社に多彩な人脈を築いていた。谷川さんに連れられて、東京の大手取次会社を訪問した帰りの新幹線で、ウィスキーのミニボトルをあけながら夢中で語り合い、気がつくともう新大阪に着いていたのをなつかしく思い出す。

数年後に病を得た谷川さんが実際に手にとることができた新刊書は当初の五〇点ほどだったはずである。今や格段に充実した刊行書のラインアップに喜び、深く安堵してくれているにちがいない。それはまた、谷川さんの知識経験や文化遺伝子を引き継いだ、田中直哉氏はじめ事務局・編集スタッフによる献身と創意工夫の賜物でもあるのだから。

草創期の出版会はまず著者を学内の教員・研究者に求め「関学の」学術発信拠点としての定着を図る一方、学外の大学教員・研究者にも広く開かれた形を目指していた。そのためすでに初期の新刊書のなかに関学教員の著作に混じって学外の大学教員・研究者による著作も見受けられる。その後も「学内を中心としながら、学外の著者にも広く開かれている」という当初の方針は今日まで維持され、それが刊行書籍の増加や多様性の確保にも少なからず貢献してきたように思う。

他方、新刊学術書の専門分野別の構成はこの三〇年弱の間に大きく変わってきている。たとえば出版会初期の五年間と最近五年間の新刊書の「ジャンル」を見比べていくと、現在では当初よりも全体的に幅広く多様化していることがわかる。「社会・環境・復興」（災害復興研究を含むユニークな「ジャンル」）や「経済・経営」は現在まで依然として多いが、いずれも新刊書全体に占める比重は低下し、「法律・政治」「福祉」「宗教・キリスト教」「関西学院」「エッセイその他」にくわえて、当初は見られなかった「言語」や「自然科学」のような新たな「ジャンル」が加わっている。何よりも目立つ近年の傾向は、「哲学・思想」や「文学・芸術」のシェアが顕著に低下する一方、「教育・心理」や「国際」、「地理・歴史」のシェアが大きく上昇していることである。

こうした「ジャンル」構成の変化には、この間の関西学院大学の学部増設（人間福祉、国際、教育の新学部、理系の学部増設など）がそのまま反映されている面がある。ただ、その背景には関学だけではなく日本の大学の研究教育をめぐる状況の変化もあるにちがいない。思い返せば、関西学院大学出版会の源流の一つに、かつて谷川さんが関学生協書籍部で編集していた書評誌『みくわんせい』（一九八八―九二年）がある。それは当時の「ポストモダニズム」の雰囲気に感応し、最新の哲学書や思想書の魅力を伝えることを通して、専門の研究者や大学院生だけでなく広く読書好きの一般学生の期待に応えようとする試みでもあった。出版会草創期の新刊書にみる「哲学・思想」や「文学・芸術」のシェアの大きさとその近年の低下には、そうした一般学生・読者ニーズの変化という背景もあるように思う。

関西学院大学出版会も着実に「歴史」を刻んできたことにあらためて気づかされる。これから二、三十年後、刊行書「一〇〇〇点」達成の頃には、どんな「ジャンル」構成になっているだろうか、今から想像するのも楽しみである。

『みくわんせい』
創刊準備号、1986年
この書評誌を介して集った人たちによって関西学院大学出版会が設立された

関西学院大学出版会への私信

田中《たなか》　きく代《よ》
関西学院大学名誉教授

私は出版会設立時の発起人ではありませんでしたが、初代理事長の荻野昌弘さん、初代編集長の宮原浩二郎さんから設立のお話をいただいて、気持ちが高まりワクワクしたことを覚えています。発起人の方々の熱い思いに感銘を受けてのことで、「田中さん、研究発進の出版部局を持たないと大学と言えないよね」という誘いに、もちろん「そうよね‼」と即答しました。皆さんの良い本をつくりたいという理想も高く、何度も会合がもたれました。ことに『理』の責任者であった生協の書籍におられた谷川恭生さんのご尽力は並々ならないものであったと感謝しております。谷川さんを除けば、皆さん本屋さんの出版にはさほど経験がなく、苦労も多かったのですが、苦労よりも新しいものを生み出すことに嬉々としていたように思います。

私は、設立から今日まで、理事として編集委員として関わらせていただき、一時期には理事長の要職に就くことにもなりましたが、荻野さん、宮原さん、山本栄一先生、田村和彦さん、大東和重さん、前川裕さん、田中直哉さん、戸坂美果さんと、指を折りながら思い返し、多くの編集部の方々のおかげで、やってくることができたと実感しています。五〇〇冊記念を機に、まずは感謝を申し上げ、いくつか関西学院大学出版会の「いいとこ」を宣伝しておきたいと思います。

「関学出版会の『いいとこ』は何?」と聞かれると、本がとても「温かい」と答えます。出版会の出版目録を見ていると、それぞれの本が出来上がった時の記憶が蘇ってきますが、どの本も微笑んでいます。教員と編集担当者が率先して一致協力して運営に関わっていることが、妥協しないで良い本をつくろうとすることからくる真剣な取り組みとなっているのです。出版会の本は丁寧につくられ皆さんの心が込められているのです。
また、本をつくる喜びも付け加えておきます。毎月の編集委員会では、新しい企画にいつもドキドキしています。私事ですが、私は歴史学の研究者の道を歩んできましたが、同時にどこかでいつか本屋さんをやりたいという気持ちがあったことは否定できません。関学出版会では、自らの本をつくる時など特にそうですが、企画から装丁まですべてに自分で直接に関わることができるのですよ。こんな嬉しいことがありますか。

皆でつくるということでは、夏の拡大編集委員会の合宿も思い出されます。毎夏、有馬温泉の「小宿とうじ」で実施されてきましたが、そこでは編集方針について議論するだけではなく、毎回「私の本棚」「思い出の本」「旅に持っていく本」などなどの議題が提示されました。自分の好きな本を本好きの他者に「押しつけ?」、本好きの他者から「押しつけられる?」楽しみを得る機会が持てたことも私の財産となりました。夕食後には皆で集まって、学生時代のように深夜まで喧々諤々の時間を過ごしてきたことも楽しい思い出です。今後もずっと続けていけたらと思っています。

記念事業としては、設立二〇周年の一連の企画がありましたが、記念シンポジウム「いま、ことばを立ち上げること」では、田村さんのご尽力で、「ことばの立ち上げ」に関わられた諸氏にお話しいただき、本づくりの大切さを再確認することができました。今でも「投壜通信」という「ことば」がビンビン響いてきます。文字化される「ことば」に内包される心、誰かに届けたい「ことば」のことを、本づくりの人間は忘れてはいけないと実感したものです。

インターネットが広がり、本を読まない人が増えている現状で、今後の出版界も変革を求められていくでしょうが、大学出版会としては、学生に「ことば」を伝える義務があります。ネット化を余儀なくされ「ことば」を伝えるにも印刷物ではなくなることも増えるでしょう。だが、学生に学びの「知」を長く蓄積し生涯の糧としていただくには、やはり「本棚の本」が大切だと思います。出版会の役割は重いですね。

『いま、ことばを立ち上げること』
K.G.りぶれっとNo. 50、2019年

2018年に開催した関西学院大学出版会設立20周年記念シンポジウムの講演録

ふたつの追悼集

田村《たむら》　和彦《かずひこ》
関西学院大学名誉教授

荻野昌弘さんの原稿で、一九九五年の阪神淡路の震災が出版会誕生の一つのきっかけだったことを思い出した。今から三〇年前になる。ぼく自身は一九九〇年に関西学院大学に移籍して間もなくだった。震災との直接のつながりは思いつかないが、新たな出発に向けての思いが大学に満ちていたことは確かである。

ぼく自身と出版会とのかかわりは、当時関学生協書籍部にいた谷川恭生さんに直接声をかけられたことから始まる。谷川さんの関西学院大学出版会発足にかけた情熱については、本誌で他の方々も触れているとおりである。残念ながら、出版会がどうやら軌道に乗り始めた二〇〇四年にわずか四九歳で急逝した谷川さんには、翌年に当出版会が出した追悼文集『時（カイロス）の絆』に学内外の多くの方々が思いを寄せている。出版会についていえば、前身には発足の十年近く前から谷川さんが発行していた書評誌『みくわんせい』があったことも忘れえない。『みくわんせい』のバックナンバーの書影は前記追悼集に収録されている。出版会を立ちあげて以来発行されてきたこの小冊子『理』にしても、最初は彼が構想する大学発の総合雑誌の前身となるべきものだったと記憶している。「理」を「ことわり」と読むことにこだわったのも彼である。谷川さんのアイデアは尽きることなく広がり、何度かの出版会主催のシンポジウムも行われた。そんななか、出版会が発足してからもいつもは外野のにぎわわせ役を決めこんでいたぼくに、谷川さんから研究室に突然電話が入り、「編集長になりませんか」という依頼があった。なんとも闇雲な頼みで、答えあぐねているうちにいつの間にやら引き受けることになってしまった。その後編集長として十数年、その後は出版会理事長として谷川さんが蒔いた種から育った出版会の活動を、不十分ながら引き継いできた。

関学出版会を語るうえでもう一人忘れえないのが山本栄一氏で

ある。山本さんは阪神淡路の震災の折、ちょうど経済学部の学部長で、ぼく自身もそこに所属していた。学部運営にかかわる面倒なやり取りに辟易していたぼくだが、震災の直後に山本さんが学部活性化のために経済学部の教員のための紀要刊行費を削って、代わりに学部生を巻きこんで情報発信と活動報告を行う経済学部広報誌『エコノフォーラム』を公刊するアイデアを出したときには、それに全面的に乗り、編集役まで買って出た。それをきっかけに学部行政以外のつき合いが深まるなかで、なんとも型破りで自由闊達な山本さんの人柄にほれ込むことになった。

発足間もない関学出版会についても、学部の枠を越えて、教員ばかりか事務職にまで関学随一の広い人脈を持つ山本さんの「拡散力」と「交渉力」が大いに頼みになった。一九九九年に関学出版会の二代目の理事長に就かれた山本さんは、毎月の編集会議にも、当時千刈のセミナーハウスで行なわれていた夏の合宿にも必ず出席なさった。堅苦しい会議の場は山本さんの一見脈絡のないおしゃべりをきっかけに、どんな話題に対しても、誰に対しても開かれた、くつろいだ自由な議論の場になった。本の編集・出版という作業は、著者だけでなく、編集者・校閲者も巻きこんで、まったくの門外漢や未来の読者までを想定した、実に楽しい仕事になった。山本さんは二〇〇八年の定年後も引き続き出版会理事長を引き受けてくださったが、二〇一一年に七一歳で亡くなられた。没後、関学出版会は上方落語が大好きだった山本さんを偲んで『賑わいの交点』という追悼文集を発刊している。

　出版会発足二八年、刊行点数五〇〇点を記念するにあたって特にお二人の名前を挙げるのは、お二人のたぐいまれな個性とアイデアが今なお引き継がれていると感じるからである。二つの追悼集のタイトルをつけたのは実はぼくだった。いま、それを久しぶりに紐解いていると関西学院大学出版会の草創期の熱気と、それを継続させた人的交流の広さと暖かさとが伝わってくる。

『賑わいの交点』
山本栄一先生追悼文集、2012年（私家版）

39名の追悼寄稿文と、山本先生の著作目録・年譜・俳句など

『時（カイロス）の絆』
谷川恭生追悼文集、2005年（私家版）

21名の追悼寄稿文と、谷川氏の講義ノート・『みくわんせい』の軌跡を収録

連載

スワヒリ詩人列伝

第8回　政権の御用詩人、マティアス・ムニャンパラの矛盾

小野田　風子

スワヒリ語詩、それは東アフリカ海岸地方の風土とイスラム的伝統に強く結びついた世界である。そのなかで、内陸部出身のキリスト教徒として初めてシャーバン・ロバート（本連載第2回〔『理』59号〕参照）に次ぐ大詩人として認められたのが、今回の詩人、マティアス・ムニャンパラ（Mathias Mnyampala, 1917–1969）である。

ムニャンパラは一九一七年、タンガニーカ（後のタンザニア）中央部のドドマで、ゴゴ民族の牛飼いの家庭に生まれる。幼いころから家畜の世話をしつつ、カトリック教会で読み書きを身につけた。政府系の学校で法律を学び、一九三六年から亡くなるまで教師や税務署員、判事など様々な職に就きながら文筆活動を行った。これまでに詩集やゴゴの民族誌、民話など十八点の著作が出版されている（Kyamba 2016）。

詩人としてのムニャンパラの最も重要な功績とされているのは、「ンゴンジェラ」（ngonjera）注1という詩形式の発明である。

独立後のタンザニアは、初代大統領ジュリウス・ニェレレの強い指導力の下、社会主義を標榜し、「ウジャマー」（Ujamaa）と呼ばれる独自の社会主義政策を推進した。ニェレレは当時のスワヒリ語詩人たちに政策の普及への協力を要請し、詩人たちはＵＫＵＴＡ（Usanifu wa Kiswahili na Ushairi Tanzania）という文学団体を結成した。ＵＫＵＴＡの代表として政権の御用詩人を引き受けたムニャンパラが、非識字の人々に社会主義の理念を伝えるのに最適な形式として創り出したのが、ンゴンジェラである。これは、詩の中の二人以上の登場人物が政治的なトピックについて議論を交わすという質疑応答形式の詩である。ムニャンパラがまとめた詩集『ＵＫＵＴＡのンゴンジェラ』（*Ngonjera za Ukuta I & II*, 1971, 1972）はタンザニア中の成人教育の場で正式な出版前から活用され、地元紙には類似の詩が多数掲載された。

ムニャンパラの詩はすべて韻と音節数の規則を完璧に守った定型詩である。ンゴンジェラ以外の詩では、言葉の選択に細心の注意が払われ、表現の洗練が追求されている。詩の内容は良い生き方を諭す教訓的なものや、物事の性質や本質を解説するものが目立つ。詩のタイトルも、「世の中」「団結」「嫉妬」「死」など一語が多く、詩の形式で書かれた辞書のようでさえある。美徳や悪徳、無力さといった人間に共通する性質を扱う一方、差別や植民地主義への明確な非難も見られ、人類の平等や普遍性について

書いた詩人と大まかに評価できよう。

　一方、ムニャンパラのンゴンジェラは、それ以外の詩と比べて深みや洗練に欠けると言われる。ムニャンパラは「庶民の良心」であることを放棄し、「政権の拡声器」に成り下がったとも批判されている（Ndulute 1985: 154）。知識人が無知な者を啓蒙するというンゴンジェラの基本的な性質上、確かにそこには、人間や物事の単純化や、善悪の決めつけ、庶民の軽視が見られる。人間の共通性や普遍性に焦点を当てるヒューマニズムも失われている。表現の推敲の跡もあまり見られず、政権のスローガンをただ詩の形式に当てはめただけのようである。以下より、ムニャンパラのンゴンジェラが収められている『UKUTAのンゴンジェラI』と、一般的な詩が収められている『ムニャンパラ詩集』（*Diwani ya Mnyampala*, 1965）、そして『詩の教え』（*Waadhi wa Ushairi*, 1965）から、実際にいくつか詩を見てみよう。

　『UKUTAのンゴンジェラI』内の「愚かさは我らが敵」では、「愚か者」が以下のように発言する。「みんな私をバカだと言う　学のない奴と／私が通るとみんなであざけり　友達でさえ私を笑う／悪口ばかり浴びせられ　言葉数さえ減ってきた／さあ、確かなことを教えてくれ　私のどこがバカなんだ?」それに対し、「助言者」は、「君は本当にバカだな　そう言われるのももっともだ／だって君は無知だ　教育されていないのだから／君は幼子、背負われた子どもだ／教育を欠いているからこそ　君はバカなのだ」と切り捨てる。その後のやり取りが続けられ、最後には「愚か者」が、「やっと理解した　私の欠陥を／勉強に邁進し　愚かさから抜け出そう／そして味わおう　読書の楽しみを／確かに私は　バカだったのだ」と改心する（Mnyampala 1970: 14-15）。

　一方、『詩の教え』内の詩「愚か者こそが教師である」では、「愚か者」についての認識に大きな違いがある。詩人は、「愚か者はこし器のようなもの　知覚を清めることができる／愚か者こそが、賢者を教える教師なのである」（Mnyampala 1965b: 55）と、ンゴンジェラとは異なる思慮深さを見せる。また、上記のンゴンジェラに見られる教育至上主義は、『詩の教え』内の別の詩「高貴さ」とも矛盾する。

> たとえば人の服装や金の装身具／あるいは大学教育や宗教の知識に驚かされることはあっても／それが人に高貴さをもたらすわけではない　そういったものに惑わされるな／服は高貴さとは無縁だ　高貴さとは信心なのだ
>
> 高貴さとは信心である　読書習慣とは関係ない／スルタンであることや、ローマ人やアラブ人であることでもない／それは心の中にある信心　慈悲深き神を知ること／騒乱は高貴さには似合わない　高貴さとは信心なのだ（Mnyampala 1965b: 24）

同様の矛盾は、社会主義政策の根幹であったウジャマー村についての詩にも見出せる。一九六〇年代末から七〇年代にかけて、平等と農業の効率化を目的として、人工的な村における集団農業の実施が試みられた。『UKUTAのンゴンジェラ』内の詩「ウジャマー村」では、政治家が定職のない都市の若者に、村に移住し農業に精を出すよう諭す。若者は「彼らが言うのだ　私たちは町を出ないといけないと／ウジャマー村というが　何の利益があるんだ？」と疑問を投げかけ、「この私がどんな利益を上げられるだろう？／体には力はなく　何も収穫することなどできない」、「なぜ一緒に暮らさないといけないのか　どういう義務なのか？／せっかくの成果を無駄にして　もっと貧しくなるだろう」と移住政策の有効性を疑問視し、「私はここの馴染みだ　私の人生は町にある／私はここで丸々肥えて　いつも喜びの中にある／もし村に住んだなら　骨と皮だけになってしまう」と懸念する。それに対し政治家は、「町を出ることは重要だ　共に村へ移住しよう／恩恵を共に得て　勝者の人生を歩もう」、「みんなで一緒に住むことは　国にとって大変意義のあること／例えば橋を作って洪水を防ぐことができる／一緒に耕すのも有益だ　経済的成果を上げられる」とお決まりのスローガンを並べるだけである。にもかかわらず若者は最終的に、「鋭い言葉で　説得してくれてありがとう／怠け癖を捨て　鍬の柄を握ろう／そして雑草を抜いて　村に参加しよう／ウジャマー村には　確かに利益がある」と心変わりをするのである（Mnyampala 1970: 38-39）。

この詩は、その書かれた目的とは裏腹に、若者の懸念の妥当性と、政治家の理想主義の非現実性とを強く印象づける。以下の詩を書いたときのムニャンパラ自身も、この印象に賛同してくれるはずである。『ムニャンパラ詩集』内の詩「農民の苦労」では、農業の困難さが写実的かつ切実につづられる。

はるか昔から　農業には困難がつきもの／まずは原野を開墾し　枯草を山ほど燃やす／草にまみれ　一日中働きづめだ／農民の苦労には　忍耐が不可欠

忍耐こそが不可欠　心変わりは許されぬ／毎日夜明け前に目を覚まし／すぐに手に取るのは鍬　あるいは鍬の残骸／農民の苦労には　忍耐が不可欠

森を耕しキビを植え　草原を耕しモロコシを植え／たとえ一段落しても　いびきをかいて眠るなかれ／動物が畑にやってきて　作物を食い荒らす／農民の苦労には　忍耐が不可欠（三連略）

いつ休めるのか　いつこの辛苦が終わるのか／イノシシやサルに　怯えて暮らす苦しみが？／収穫の稼ぎを得る前から　疑念が膨らむばかり／農民の苦労には　忍耐が不可欠

キビがよく実ると　私はひたすら無事を祈る／すべての枝が花をつける時　私の疑いは晴れていく／そして鳥たちが舞い

降りて　私のキビを狙い打ち／農民の苦労には　忍耐が不可欠（一連略）

農民は衰弱し　憐れみを掻き立てる／その顔はやせ衰え　見る影もない／すべての困難は終わり、農民はついに収穫する　みずからの終焉を／農民の苦労には　忍耐が不可欠

(Mnyampala 1965a: 53-54)

ウジャマー村への移住政策は遅々として進まず、一九七〇年代に入ると武力を用いた強制移住が始まる。しかしムニャンパラはタンザニア政治が暴力性を帯びる前、一九六九年に亡くなった。『詩の教え』内の「政治」という詩には、「国民に無理強いするのは、政府のやることではない」という一節がある (Mnyampala 1965b: 5)。ムニャンパラがもう少し長く生き、社会主義政策の失敗を目の当たりにしていたなら、「政権の拡声器」か「庶民の良心」か、どちらの役割を守っただろうか。

ムニャンパラは、時の政権であれ、身近なコミュニティであれ、そこから期待された役割を忠実に演じきった詩人と言えるだろう。そのような詩人を前にしたとき、われわれはつい、詩人自身の思いはどこにあるのかと問いたくなる。しかしスワヒリ語詩において重要なのは個人の思いではなく、詩がその時代や社会において良い影響を与え得るかどうかである。社会情勢が変われば詩の内容も変わる。よって本稿のように、詩人の主張が一貫していないことを指摘するのは野暮なのだろう。

社会主義政策は失敗に終わったが、ンゴンジェラは現在でも教育的娯楽として広く親しまれている。特に教育現場では、子どもたちが保護者等の前で教育的成果を発表するための形式として重宝されている。自由詩の詩人ケジラハビ（本連載第6回〔『理』71号〕参照）は、ムニャンパラの功績を以下のように称えた。「都会の人も田舎の人もあなたの前に腰を下ろす／そしてあなたは彼らを楽しませ、一人一人の聴衆を／ンゴンジェラの詩人へと変えた！」(Kezilahabi 1974: 40)。

（大阪大学　おのだ・ふうこ）

注1　ゴゴ語で「一緒に行くこと」を意味するという(Kyamba 2022: 135)。

参考文献

Kezilahabi, E. (1974) *Kichomi*, Heineman Educational Books.
Kyamba, Anna N. (2022) "Mchango wa Mathias Mnyampala katika Maendeleo ya Ushairi wa Kiswahili", *Kioo cha Lugha* 20(1): 130-146.
Kyamba, Anna Nicholaus (2016) "Muundo wa Mashairi katika *Diwani ya Mnyampala* (1965) na Nafasi Yake katika Kuibua Maudhui" *Kioo cha Lugha* Juz. 14: 94-109.
Mnyampala, Mathias (1965a) *Diwani ya Mnyampala*, Kenya Literature Bureau.
——— (1965b) *Waadhi wa Ushairi*, East African Literature Bureau.
——— (1970) *Ngonjera za UKUTA Kitabu cha Kwanza*, Oxford University Press.
Ndulute, C. L. (1985) "Politics in a Poetic Garb: The Literary Fortunes of Mathias Mnyampala", *Kiswahili* Vol. 52 (1-2): 143-162.

【4〜7月の新刊】

『未来の教育を語ろう』
關谷 武司［編著］
A5判 一九四頁 二五三〇円

【近刊】 ＊タイトルは仮題

『宅建業法に基づく重要事項説明Q&A 100』
弁護士法人 村上・新村法律事務所［監修］

『教会暦によるキリスト教入門』
前川 裕［著］

『ローマ・ギリシア世界・東方』
ファーガス・ミラー古代史論集
ファーガス・ミラー［著］
藤井 崇／増永理考［監訳］

KGりぶれっと60
『学生たちは挑戦する』
開発途上国におけるユースボランティアの20年
村田 俊一［編著］
関西学院大学国際連携機構［編］

【好評既刊】

『ポスト「社会」の時代』
社会の市場化と個人の企業化のゆくえ
田中 耕一［著］
A5判 一八六頁 二七五〇円

『カントと啓蒙の時代』
河村 克俊［著］
A5判 二二六頁 四九五〇円

『学生の自律性を育てる授業』
自己評価を活かした教授法の開発
岩田 貴帆［著］
A5判 二〇〇頁 四四〇〇円

『破壊の社会学』
社会の再生のために
荻野 昌弘／足立 重和／山 泰幸［編著］
A5判 五六八頁 九二四〇円

KGりぶれっと59
『基礎演習ハンドブック 第三版』
さぁ、大学での学びをはじめよう！
関西学院大学総合政策学部［編］
A5判 一四〇頁 一三二〇円

※価格はすべて税込表示です。

好評既刊

絵本で読み解く 保育内容 言葉

齋木 喜美子［編著］

絵本を各章の核として構成したテキスト。児童文化についての知識を深め、将来質の高い保育を立案・実践するための基礎を学ぶ。

B5判 214頁 2420円（税込）

スタッフ通信

弊会の刊行点数が五百点に到達した。九七年の設立から二八年かかったことになる。設立当初はまさかこんな日が来るとは思っていなかった。ちなみに東京大学出版会の五百点目は一九六二年（設立一一年目）、京都大学学術出版会は二〇〇九年（二〇年目）、名古屋大学出版会は二〇〇四年（二三年目）とのこと。特集に執筆いただいた草創期からの教員理事長をはじめ、歴代編集長・編集委員の方々、そしてこれまで支えていただいたすべての皆様に感謝申し上げるとともに、つぎの千点にむけてバトンを渡してゆければと思う。（田）

コトワリ No. 75 2025年7月発行
〈非売品・ご自由にお持ちください〉

知の創造空間から発信する
K.G. University Press
関西学院大学出版会
〒662-0891 兵庫県西宮市上ケ原一番町1-155
電話0798-53-7002 FAX0798-53-5870
http://www.kgup.jp/ mail kwansei-up@kgup.jp

うたかた

七代目鶴澤寛治が見た文楽

中野順哉

関西学院大学出版会

はじめに

「七代目・鶴澤寛治の記憶にしか残っていない世界を再構築する」――世に様々な「共演」があるが、この執筆は私にとって特別な体験であった。

私に「文楽」の魅力を教えてくださったのは寛治先生であった。「大阪らしい、古い日本語の台本」を学ぼうと一念発起し、先生のご自宅にお邪魔したのが最初である。今からもう二十年ほど昔のことになる。

付け焼き刃の知識など何の役にも立たないと腹をくくり、「私は文楽を何も知りません。ゼロから教えていただくことは出来ますでしょうか」と頭を下げたところ、先生は快くお引き受けくださり、早々にお話をしてくださった。気がつくと四時間ほど経っていた。その日以来、先生に手ほどきをしていただき実に多くのことを学ぶことが出来た。

「台本を書いてみては」と先生に勧めていただいたこともあったが、幾度かトライしたものの、当時の自分にはその力量がなかったようだ。ただそこで学んだエッセンスは、今でも「道に迷った時の指標」として生きている。

平成二十九年（二〇一七）の年末。ご自宅へご挨拶に上がらせていただいた折、先生よりこのようなお言葉をいただいた。

「私ももう数えで九十歳を超えました。戦前から現在までの文楽の道のりを知っている者は他にはおりません。それをせめて書き残しておきたいのですが」

先生のお話をお聞きし本にする。

光栄な話であった。本当に自分に出来るのかという怖さもあった。しかし、期待されて台本を書き上げられなかった自分である。せめてこれだけはと決心した。それがこの一冊である。

記録と記憶には当然差がある。結果、太夫の名や「何代目」といった表記をはじめいくつかのデータが、研究者の著述とは異なるものもあるが、今回はあくまでも先生のご記憶の世界の再構築を目指した。ゆえに「ご記憶」は一次資料とさせていただいている。

先生のご記憶をもとに綴った一編の「劇」。読者の皆さんに、この独特の世界を共有していただければ幸いである。

中野 順哉

もくじ

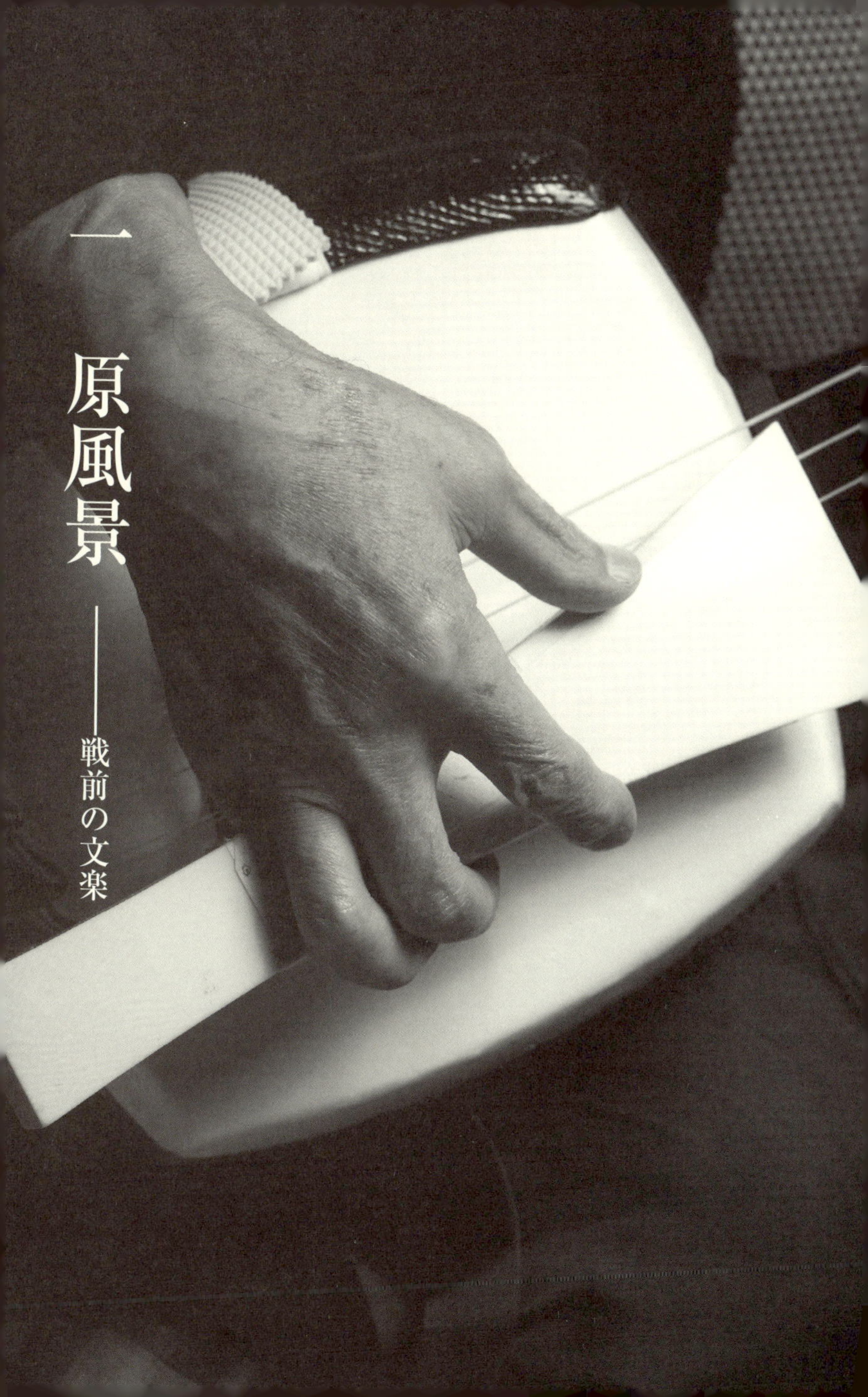

一　原風景

――戦前の文楽

父の背

幼い頃に見た「文楽」、それは一言でいえば父、六代目・鶴澤寛治の背中だったように思う。昭和五、六年（一九三〇－三一）。現在の目抜き通り「御堂筋」の拡張工事も始まってはいたが、まだ完成していない。バスが二種類走っていた。一つは「銀バス」といわれていた大阪市営のもの。もう一つは大阪バスという民間会社のもので「青バス」といわれていた。

地下鉄もまだ淀屋橋—心斎橋間が開通しているだけであった。運賃は五銭。この後、南に難波、北に梅田と延長するのだが、梅田への延長工事の中で大きな地崩れがあった。多くの工夫が亡くなったと聞く。埋立地で「うめだ」と名付けた土地だけに、地盤が緩かったのであろう。

エアコンのない時代に改札から上がってくる風は心地よく、夏になれば階段を下りて電車に乗らずに改札で涼をとる者も多かった。列車にもエアコンはない。近鉄の生駒トンネルに入る前には一斉に窓を開け、涼しい風を車内に取り込んだものだ。お金持ちは一円タクシーに乗り、オープンカーの状態で淀まで涼むために車を走らせたりしていた。

天神祭の船渡御の姿も違った。当時は松島まで船が行っていた。堂島の米相場屋さんは渡御の見える二階にご贔屓さんを招き、宴を開いてもてなした。御旅所周辺の町々から船渡御の一行をお迎えする船も出てくる。その船には各町によって異なる様々な「御迎人形」が飾られていた。趣向を凝らした人形で飾られた船を見る。これも祭りの醍醐味の一つであった。

お迎えの船は川べりにずらりと並んでいた。船には椅子が並べられ、そこが観覧席となった。一人一円程度。そこに座って渡御を待つ間、花火やくだものを売る船もやって来る。まさに大賑わいであった。

お迎えの船に導かれ、渡御の船は松島の遊郭に進む。そこで解散し打ち上げをする。こんな光景も今はない。戦後、冷房用の水が不足し、地下水を大量に吸い上げたために、堂島一帯が地盤沈下した。今は橋の下を船が通れなくなり、大阪地方裁判所のあたりから北側で船渡御が行われている。


大阪駅は現在より西、出入橋あたりにあった。省線が高架化(昭和九年〔一九三四〕)される前なので停車場は地上にあった。現在、阪神百貨店がある界隈には旅館が並んでいた。阪急百貨店は高架化の後に出来たので、この時分に存在していた百貨店は心斎橋の大丸と高麗橋の三越ぐらいであったと記憶している。

旅館には店頭に幕が張られ、緋毛氈のかかった床几が並んでいた。乗客はそこに腰かけて汽車が来るのを待っている。下駄直しの「なおー、なおー」という声も聞こえている。着物にスリッパのような形の靴を履くのも流行だった。

そんな中を幼い私は父の見送りについていった。

「どこ行くの?」

「東京や」

昼の時間帯に東京へ向かう特急は「つばめ」。夜は「ふじ」。それぞれ一日に一本出ていた。

客車には等級があり、一等車には白、二等には青、三等には赤の線が書かれていた。待合室も一、二等車と三等車に分かれていた。

父が乗るのは二等車。「文楽」では一般の演者は三等車。師匠格になれば二等車の切符が渡されていた。一等に乗れたのは「文楽」の歴史の中で二代目・竹本越路太夫一人であったそうだ。

カァーン、カァーン——発車一時間前を知らせる鐘の音がする。

颯爽と汽車に乗り込み父は手を振った。

——「文楽」公演のために東京に行く。

まだ年端もいかぬ幼子であったが、その胸に「かっこいいな」という思いが芽生えていた。

ただ——

この頃の父のことを思えば「文楽」という言葉を使うことに引っ掛かりがある。確かに父は文楽座で三味線を弾いていたのだが、「文楽座の三味線」を弾いているという意識はみじんも持っていなかった。まずはそのあたりのことについて語っておきたい。

父、六代目・鶴澤寛治

「文楽」が人形浄瑠璃のことを意味するようになったのは比較的最近のことだ。植村文楽軒は、神社の境内をはじめ様々な場所で手広く興行をしていたのだが、明治五年（一八七二）繁華な松島に、本拠となる座を新築した。その小屋を「文楽座」と名付けた。当時文楽座以外に人形浄瑠璃を興行する座はいくつもあったが、文楽座がそれらを吸収していったので、いつしか「文楽」という言葉が人形浄瑠璃の代名詞となっていったのだ。

後に松竹が文楽座を受け継ぐのだが、彼らが実感したのは「こんなに儲かる商売はない」ということであった。今では想像し難いかもしれないが、当時は人形なしの素浄瑠璃の人気が高かった。舞台道具もほとんどなく、三味線と太夫だけでお客が集まる——植村文楽軒が方々に舞台を設営することが可能であったのも、そういったところに理由があった。

一本杭が出ればそれに反発する気運も生まれてくる。大雑把な言い方になるが、このタイミングで文楽系と非文楽系の対立が生じた。

六代目・鶴澤寛治（竹澤團六時代）

父が浄瑠璃の世界に飛び込んだのは、そんな対立が激化している時代であった。

父の本名は白井治三郎。京都で「ムラタ」と号したキセル屋・白井亀治郎の息子である。亀治郎は大の浄瑠璃好きで、商売は番頭に任せて興行師のようなことをしていた。師匠につき太夫の真似ごともしていたという。

「息子を三味線弾きにすれば、毎度先生を呼ばなくてもいい。好きな時に浄瑠璃を語ることが出来る」

そんな動機で七歳の父を京都で活躍していた九代目・竹澤彌七のもとに弟子入りさせた。

この出会いが父の中にあった「才」に刺激を与えた。師匠はすぐにそれを認め、明治二十九年（一八九六）、いきなり九歳で初舞台に立たせたのであった。父は竹沢團治郎と名乗ることになった。

少し話は逸れるが――。

ここで「竹澤」ではなく「竹沢」と書いてみたのは、三味線弾きの格付けが昔は「目に見える」形で示されていたからだ。デビュー当初は簡単な「沢」。これを「尺沢《しゃくざわ》」という。少しキャリアを積むと草書の「澤」になる。これを「半沢」と言っていた。最後に「澤」を許される。この澤は「本澤」と言い、師匠格にあたる。父もこの時は「竹沢」であった。

脱線ついでに言えば、名だけでなく着るものも決められていた。「尺沢、半沢」レベルでは木綿の着物に角帯。その恰好でなければ楽屋に入れてもらえなかった。演者にとって「文楽」の本舞台はお金を稼ぐ場所ではなく、修行の場であるという意識が強かったからだ。そして「本澤」ともなると「師匠」「指導者」であるので上等の紬《つむぎ》が着られる。そんな時代であった。

話をもとに戻そう。

父が入った竹澤家というのは相当派手な演出を好む一門であった。例えば三代目の彌七は大阪の堀江で大三味線を弾いて一躍有名になった人物である。影響力は大きかったようで、追随する者が次々と曲芸的な方向に走った。そのため三代目は大阪の浄瑠璃界から追放されていた。

追放後は京都に移り、現在の京都劇場に「竹豊座」を立ち上げて興行を続けた。大阪では文楽座が次々と他の座をのみ込んでいったのだが、この竹澤家だけは「あれは大阪の話。わしら

二代目・鶴澤寛治郎

には関係ない」と合併を拒み続け、独立を保っていた。

しかし京都は集客力が弱かった。浄瑠璃を好む旦那は少なからずいたが、自分自身が商売の陣頭に立つ人が大半を占めていたのだ。例えば先斗町にある鰻の「いづもや」。先代は自身も浄瑠璃を得意とする愛好家であったが、稽古は早朝。それを終えて、朝一番の電車に乗って魚を仕入れに行く――という生活スタイルであった。商売を番頭に任せて、毎日のように劇場に通う大阪の旦那とは随分趣が違っていたのである。そんな背景もあって、父が竹豊座に入った頃には、いよいよこれでは竹澤家も滅んでしまうという状態に陥っていた。そこでデビューしたての父を文楽座に移籍させ、「竹澤」の名を残すことにしたのであった。

新たに文楽座系の師匠のもとに入らねばならない。そこで祖父の亀治郎は二代目・竹本越路太夫に相談をした。太夫は三味線奏者の二代目・鶴澤寛治郎を紹介した。かくして父は名を改め鶴沢團治郎として文楽座の舞台に立つことになったのである。

因みにこの時同じく京都を出たのは、粟田小学校の同級生でもあった後の六代目・住太夫であった。この時まで彼は浄瑠璃とは全く関係のない人だったのだが、「君が行くなら僕も行きたい」ということで、越路太夫のもとで勉強することになった。ともに京都の伏見から船に乗り、大阪天満の八軒屋の船着き場で降りる――その後新地の一筋南にある裏町に住んでいた時も「ご近所さん」として仲良くしていた。

生まれ変わった文楽座

しかし文楽座も安泰ではなかった。代々経営をしてきた植村家。その当主泰蔵に文楽座をマネジメントする才覚がなく、植村家の家業の方も経営不振に陥る。後にこの泰蔵は遊興の末、病死している。その末路を考えても、いかに文楽座の経営が危ういものであったかは推して知るべしであろう。

そこで植村家は明治四十二年（一九〇九）、白井松次郎、大谷竹次郎の双子が設立したばかりの、松竹合名会社に経営を譲渡することにした。もちろんこれは現在の松竹株式会社のこと。もともとは劇場での売店経営からスタートした一家だったが、京都で芝居小屋を買収して以降は興行を始めていた。「松竹」という名称は兄弟の名前を一文字ずつ取ったもの。この後東京にも進出し、多くの劇場経営権を手中に収めてゆくことになる。兄弟には役割分担があった。東京方面＝歌舞伎は弟・大谷の管轄。そして京都・大阪方面＝文楽は兄の白井が担当した。

松竹の経営方針は一言でいえば徹底した合理化であった。古の慣習にとらわれない、近代的なマネジメントが社是。配役に関しても年功序列ではなく、あくまでも実力主義である。それが可能であった背景には、白井松次郎自身の審美眼があった。本人も浄瑠璃を語ることが出来るほどの力がある。その目でもって演者の技量をはかる。ジャッジが極めて正確であったため、文楽はこれまで以上に「魅力あるステージ」として人々を魅了し始めたのだった。

彦六座

この頃、父はある一派の三味線に傾倒し始めていた。彦六座系である。彦六座は明治十六年（一八八三）に酒屋の主人・寺井安四郎が始めた座である。文楽座から名手をヘッドハントして徐々に力をつけていったのだが、その中に稀代の名三味線弾きがいた。二代目・豊澤團平といった（以後は團平師匠と呼ばせていただく）。「壺坂観音霊験記」の作曲でも名を残しているこの人物は「三味線が語る浄瑠璃」を信条とし、新たな波を起こしていった。團平師匠が相三味線を務めた三代目・竹本大隅太夫の名人芸「摂州合邦辻」が一大ブームとなり、彦六座の人気が

二代目・豊澤團平

急上昇してゆく。危機感を覚えた文楽座は明治十七年（一八八四）に松島の本拠を引き払い、急ぎ御霊神社境内に座を移したといわれている。結果、両者の攻防戦が大阪に文楽の黄金期を生み出したのだった。

その後彦六座は火災をきっかけに本拠を変えてゆく。明治二十六年（一八九三）に「稲荷座」が引き継ぐ。その稲荷座も明治三十一年（一八九八）には解散し、「明楽座」（一八九八～一九〇三）が引き継いでいた。

團平師匠のもとに

父が文楽座に来た頃、彦六座系の舞台は平野町などでも興行されていた。実際に二代目・團平師匠の演奏を聞き、その芸術性にほれ込んだ父。師匠の寛治郎にも断りを入れたうえで、師弟関係を残したまま文楽座を退座し、彦六座に入ることにした。彦六座では直接團平師匠のもとで修業を重ねた。

しかし團平師匠が明治三十一年（一八九八）に舞台で亡くなられると彦六座の力は衰え始めた。「堀江座」（一九〇五～一九一二）、「近松座」（一九一二～一九一六）と本拠を変える中で徐々に文楽座に鞍替えをする人間が増えてくる。そして大正五年（一九一六）、近松座が文楽座に吸収されてしまう。彦六座はこの時、完全に消滅してしまったのであった。

文楽座に戻る

父ももちろん文楽座に戻ることになったのだが、この時は制裁を受けた。彦六座にいた四代目・鶴澤清六は、そもそも父よりも後輩であったのだが、彦六座を吸収する際に父のランクは落とされ「清六より下位」とされたのであった。そんな制裁を受けながらも、父は彦六座系の三味線弾き――兵庫県の西宮市、夙川に住んでいた七代目・野澤吉兵衛、東京に行った初代・豊澤松太郎、また團平師匠の弟子・鶴澤道八といった方々のもとへ稽古に通っていた。これは後に鶴澤寛治郎を襲名する頃になっても続いていた。太夫主体であり、三味線は「従」的である文楽座の浄瑠璃に、どうしても父は馴染めなかったのだ。

四代目・鶴澤清六

文楽座の旧彦六座系奏者に対する扱いは厳しかった。どれほど人気のある「三味線の手」であっても、彦六座系のオリジナルを文楽座の舞台で演じることは一切許さなかった。この点に関して父は二重の不満を覚えていた。彦六座系だけではなく、竹澤家のお家芸である多くの手も文楽座で演じることは禁じられていたからだ。例えば、三味線を高く掲げてアクロバティックに弾く「曲弾き」という技がある。現在は「関取千両幟」猪名川内より「相撲場の段」というところで披露することが多いが、この頃はこの部分だけ独立して見せる芸であった。これは竹澤家のオリジナルだ。文楽座はこの技を寄席でしかやらせなかった。そんな文楽座の姿勢に義憤を感じていた父は徐々に師匠・寛治郎に反発し始めた。個人的な問題が間にからんだこともあり、とうとう寛治郎は「お前はクビや」と破門にする。父も「それでは」と飛び出し、再び京都に戻ってしまう。昭和三年（一九二八）のことだった。

京都に戻る

京都の「竹豊座」はすでに大正十年（一九二一）に解散していた。一門は師匠の九代目・彌七が率いていたが、竹豊座が閉まると同時に引退し、入門してまだ日が浅い竹沢団二郎を抱えるのみ。その他の三味線弾きも日々の生業としては素人を稽古する程度で、なかには旅館を経営するなど転職する者もいた。つまり「竹澤」は散り散りになっていたのであった。

そんな彼らのもとに父は改めて六代目・竹澤團六と名乗って戻ってきたのである。周辺の喜びは大きかった。そして誰もが、父こそがいずれ竹澤彌七を継ぐであろうと考えるようになっていった。


私が生まれたのは丁度この頃のことだ。

この時父は数えで四十二歳。厄年に生まれた子は育たぬということで、一度五条橋のあたりに捨て、再び拾うという「儀式」をしたと聞かされている。

再び文楽座へ

京都に戻った父。

籍は文楽座にあるものの破門されては本舞台には出られない。父も他の「竹澤」と同様、素人を教えたり、旦那衆が催す寄席に出演したりしながら食いつないでいった。しかし程なく師匠の勘気もとけ、昭和五年（一九三〇）再び文楽座に戻ることになった。

同時に父は「本澤」を許される。しかし名前はあくまでも竹澤團六を通した。これで「竹澤を残す」というそもそもの使命を果たせることになる。父の意思を師匠も認めた。その後父を頼って旧竹豊座の人間が文楽座にも入ってきた。

派手なパフォーマンスの竹澤を「外連」と蔑視していた文楽座には、激震が走ったことだろう。因みに現在、「曲弾き」は文楽でもやっている。戦後、集客が悪くなった時代に「一度やってみないか？」という話があった。それがきっかけだった。その時、演奏をしたのは父ではなく私であった。また昔は曲弾きの後はお客さんが興奮しているので、続く相撲場は演じないことになっていた。今では逆に曲弾きが入るのが当たり前だと思っている人も多いのだが——。それほどの「威力」を持つ竹澤のお家芸を文楽座は当初恐れ、舞台ではさせなかったのかもしれない。

ついでに彦六座系のオリジナルについても述べておく。「摂州合邦辻」の「合邦庵室の段」で玉手御前が浅香姫をいじめる箇所がある。もともと文楽座ではここをあっさり弾いていたのだが、彦六座では「それでは玉手の情念とそこから来る怒りが表現出来ない」と考え、長く激しい手を入れた。

また「新版歌祭文」の「野崎村の段」。お染と久松が、それぞれ舟と籠で別れる場面であるが、文楽座の手では籠に乗った丘の情景しか表現されていない。團平師匠はそこに舟の方の表現を盛り込んでいる。

「花上野誉石碑」の四段目「志度寺」もそうだ。乳母のお辻が田宮坊太郎の仇討ち成就を、命を捧げて祈るという場面。文楽での三味線の表現では、蓮池の水がちょろちょろ出ているだけなので、命を捧げるという決死の覚悟を表現できない。そこで團平師匠は「瀑布」をイメージするような激しい手で描きなおした。実際、團平師匠は舞台でこれを演奏しながら亡くなった。正真正銘の彦六座のオリジナルである。当時はいずれも文楽座の舞台では演奏させなかった。現在の文楽では、あたかも「もともとからそうであった」かの如く演じている。

堀江の思い出

父が新たに居を置いたのは花街の真ん中、西区北堀江であった。隣にはお琴のお師匠さんがいた。独り身の女性にとって、四歳の私はおもちゃのようなものだったのだろう。大層可愛がってもらった。お琴を教えてくれるだけではなく、着物、お琴の爪まで一式そろえてもらった。当然、三味線をするなどと決心していない時分のことだ。単純に楽しかった。この楽しかったという思いが、今から思えば私のすべての原点であったようにも思う。

夏の堀江の盆踊りは特によく覚えている。この時節になると、お茶屋の軒にはぼんぼりが吊るされた。一つ一つに有名な画家が絵を描いている。それを見ながら盆踊りの会場である阿弥陀池へと向かったものだ。池には三段の櫓があり、一番上がお囃子。真ん中では大勢の芸者衆が踊りながら回っている。一番下では一般人や愛好家が踊る。それが夜通し続けられるのであった。

盆踊りの歌詞も独特で、今でも時折「もう一度聞きたいな」と思う。

堀江盆唄

ソレエー　ソレエー　エノー　ヤー　トヤー
　（ヨーイ　ヨイヨイ）
かんてき割った　すり鉢割った　エーノー　叱られた
　（おかして　たまらん）
ソレ西瓜　ソレ真瓜　エーノー　焼け茄子
　（食いたい　食いたい）
ソレ堀江　ソレ廓　大江の里げしき
　（名どころ　名どころ）

竹にサーエー　ヤッチキドシタイナ　オサ
竹に雀は　品よく止まる
　（ヨーイ　ヨーイ）
止めてサーエー　ヤッチキドシタイナ　オサ

止めてとまらぬ　こいつぁ　また色の道
　（ヨーイ　ヨーイ）
色でサーエー　ヤッチキドシタイナ　オサ
色で迷わす　浅漬け茄子
　（ヨーイ　ヨーイ）

春　影うつす　春の水　堀江は都鳥
　（この花　この花）
夏　涼しさの　四ツ橋の川岸　糸柳
　（夕風　夕風）
秋　阿弥陀池　澄み渡る　真如の月の顔
　（和光寺　和光寺）
冬　梁棟木　松檜咲く　雪の花
　（朝市　朝市）
花にサーエー　ヤッチキドシタイナ　オサ

花に柳で飾る廓
（ヨーイ　ヨーイ）
染めてサーエー　ヤッチキドシタイナ　オサ
染めて染めましょ　こいつぁまた濃く浅く
（ヨーイ　ヨーイ）
月にサーエー　ヤッチキドシタイナ　オサ
月に鏡に　こいつぁまた　夕化粧
（ヨーイ　ヨーイ）

小春太夫の美声

父はその頃よく、若手の太夫に稽古をつけていた。特に印象的であったのは四国・高知から来た小春太夫（後の七代目・竹本土佐太夫）のこと。六代目・土佐太夫から一人前になるまで仕込んでくれと頼まれた父は、小春太夫をよく堀江の家に呼んで稽古をつけていた。その声が外に聞こえると「ああ、ええ声やな……」と人が集まり始める。それが一人や二人ではない。あっという間に、家の周りに人だかりが出来ているのだ。これも花街ならではの優雅さを象徴する出来事だといえよう。

恥ずかしながらこの頃に、私は家の階段の二階から落ちて頭に怪我をしたことがあった。芸子さんの真似をして、派手な長襦袢を着て遊んでいたところ、階段で足を踏み外したのだが……その時急いで私を病院へ運んでいってくれたのは、稽古に来ていた小春太夫であった。この時のことは随分後まで冷やかされたものだ。

三味線は芸能界きっての人気

父の経済状態もよかった。これは父だけではなく、三味線弾き全体にいえたことではあったが、「もうこれ以上いらない」というほどお金が入ったという。素人を指導する月謝、お座敷、レコード収録、色街でのお師匠さんとしての月給……など、「文楽」の看板さえ持っていれば引く手あまたであった。別荘を建てた演者もいたほどだ。当然三味線を志望する人は多かった。募集をかけると太夫は十人ほどだったが、三味線志望者は五十人を超えていた。

「東京や」

そう言って颯爽と二等車に乗って巡業に出ていった父。「本澤」としての自覚や自信。芸能として最も人気の高い三味線の世界で、その最先端を走るという誇り。そういったものが全身に満ちていたに違いない。

哲学はあくまでも文楽ではなく、彦六座にある。東京に行ったついでに、豊澤松太郎のもとへ勉強しに行ったことであろう。

頃は十二月。当時、毎年年末には東京の歌舞伎座で人形なしの素浄瑠璃の公演を行っていた。いつも満員御礼。東京の下足番たちは先にチケットを買い集め、後で高く売りつけるということもしていたそうだ。一度、何かの都合で東京公演を出来なかった年があったそうだが、下足番たちが困ってしまい口々に「これじゃ年が越せない」と言っていたと聞く。間違いなくそんな人々の群像の中で「三味線で語る」という父の魂は生きていた。

今も、その魂に強い憧れを感じている。

新しい文楽座

大正十五年（一九二六）に御霊神社の文楽座が焼失した。余談ではあるがこの火災の折、人形たちの「熱い、熱い」と言う声が聞こえたと当時の新聞記事は伝えている。その後は道頓堀の弁天座を主軸にしたが、松竹は新しい本拠を生み出すことを考えた。

道頓堀の弁天座の文楽

松竹が考えた新しい文楽座の本拠。それは四ツ橋に誕生した。昭和五年（一九三〇）のことである。地上二階・地下一階の鉄筋コンクリート。外壁は茶褐色のタイル張り。外観はアールデコ調のモダンな近代建築である。中には真っ赤な絨毯が敷かれ、天井は御殿づくり。大きなシャンデリアが吊るされている。平土間は椅子席で、一、二階に桟敷席がある。特に二階正面には高覧付きの貴賓席があった。

「ここで古典芸能を？」

戦前の近代化趣味といえばそれまでかもしれないが、もう一歩深く「戦前」の志向を想像してみたい。この時代、「大人」あるいは「紳士」という言葉には、現代にはない要素が含まれていた。それは教養に裏付けられた上質な「趣味」を持っているという点だ。例えば列車の模型やカメラなどもその部類に入る。「舶来の列車模型」は子どものおもちゃではなく、趣味を持つ大人・紳士の楽しみとして一つのジャンルを形成していた。でなければ、デパートやおもちゃ屋に、当時のお金で一両が数百円もする列車の模型が飾られているはずがない。

「大人の趣味」は人々にとっては憧れの世界であった。ドイツの列車模型の老舗「メルクリン」やカメラの「ライカ」の名を聞いて目を輝かせる高齢の方も少なくないが、それは当時「大人の世界」に憧れた経験を持つ人間独特の反応だといえよう。この心理を利用して、松竹は文楽に飛躍のチャンスを与えようとしたのだ。現代風にいえば「顧客・ファン層を変えてしまう」ということになろう。

近代建築の中で行われる文楽を「大人の趣味」にしてしまう。そのためには公演の形態も変える必要があった。開演時間を午後三時にし、演目も「通し」上演をやめ、人気の場面を並べることにした。更に教養としての品格を上げるうえで、多くの評論家の本も刊行されていった。特に三宅周太郎の論文は、谷崎潤一郎や佐藤春夫などから高く評価され、見事に「戦前の大人」に刺激を与えることが出来た。

文楽に来るご贔屓も「大人の趣味」そのものであったといえる。ご贔屓は一公演に少なくとも五回程度は来る。お茶子がご贔屓の気に入っている席の切符をとり、弁当を含めて手配する。四ツ橋に劇場が誕生する前からこういったシステムは存在していたが、新しい文楽座でもきっちり踏襲された。休憩時間に接待をする人たちもいた。食堂には「南一《なんいち》」という料亭が入っていた。座席の下にはシルクハットを入れられるようになっている。まさに和と洋の融合が見事な調和を生み出す空間が現出したのだった。

客の目線も現代とはかなり違う。当時、文楽の最大の支持層は太夫・三味線のファンであった。一シーズン丸ごと、浄瑠璃を傍で聞くべく舞台上手《かみて》の席を買う人も少なくなかった。また彼らには贔屓があって、お気に入りの太夫・三味線が出てくれば熱心に聞くが、逆に嫌いなのが出てくると席を離れて出ていってしまう。

浄瑠璃ファンの熱意。そして壮麗な文楽座の存在。見るたびに、聞くたびに――自分も将来文楽の舞台に立てればな……と私は目を輝かせた。「大人」への作用は、間違いなく子どもであった私の心に影響を与えていた。

堂島

昭和八年(一九三三)、手狭になってきたこともあって、堀江から北新地の船大工町に我々は引っ越した。この界隈を堂島という。堂島は米相場の町。川の南側は蔵屋敷。さらに南に行け

堂島の自宅にて

左：弟（三男）、中央後列：姉（三女）、
中央前列：妹（四女）、右：寛治（次男）

ばその先は「糸偏」と呼ばれる綿業の町。現代では単なる区画の違い程度にしか認識されていないが、当時は全く気風が違っていた。

そもそも米相場とは江戸時代において、日本の物価を決定していた場所でもある。大名すらも支配する「強大な権限」を持っていたという意識も高い。船場の糸偏産業がどれほど盛んになろうとも、米相場の町にいる人々は歯牙にもかけない気位の高さを持っていた。独特の風習も残っていた。例えば正月に雪駄を履いてはいけなかった。底が平面なので裏に米がつく。「米どろぼう」といわれて怒られる。許されたのはイグサを編み込んだ「畳表草履」であった。鼻緒は白。これを履かなければ、どれほど有名な芸人が正月の挨拶に行っても、家には入れてもらえなかった。

その気位の高さが文楽の台本にも影響を与えている。「壺坂観音霊験記」には御本堂が出てくる。実際に壷阪寺に行ったことのある人であれば、御本堂に行くためには山道を下りなければならないことは知っているであろう。

初演時の台本では実際の風景に従い、沢市が手を引かれて「下がる」としていた。ところが初演が大江橋の北にあった大江座であった。まさに「堂島」の界隈である。米相場の人々の逆鱗に触れた。客席から罵声が飛ぶ。

「米相場の町で『下がる』とはなにごとや！」

以降台本を「上がる」と書き換えたのだという。

口うるさいぶん、浄瑠璃を愛する人が多い土地柄でもあった。朝に銭湯に行くと、得意気に浄瑠璃や清元を語っているおじさんが普通の「光景」として存在していた。こういった人に「うまいな！」とでも言えば、それこそ芸の披露が果てしなく続くので要注意でもあった。

その頃の私はといえば堂島小学校、さらには堀川の高等小学校に通っていた。米相場の気質はもちろん小学校の生徒にも影響を与えていた。皆ボンボンの風格があった（因みに女の子は上の子が「いとさん」、下の子が「こいさん」と呼ばれていた）。ボンボンゆえに無茶もする。つまりはやんちゃの巣窟であった。

川のせせらぎ

きらきらと澄んだ川が目の前を流れる。堂島川では洗濯もしている。魚もたくさん泳いでいた。鯉、鮒、ボラ、うなぎ。舟で魚料理を出す店もいくつかあった。日本銀行の南側にあった「柴藤」といううなぎ屋などは、有名な舟上の老舗であった。どこかの大名の蔵屋敷の天井が、そのまま張ってあったことでも話題になっていたと記憶している。

「なあ、飛び込んでみるか」

友だち五、六人とボートに乗りながら、冗談半分、難波橋あたりから堂島川に飛び込む。あっという間に裁判所の前まで流される。思った以上に急な流れに驚く。溺れそうになりながら、なんとか岸までたどり着く。水上警察にこっぴどく叱られた。

その「裁判所」の近くに留置所もあったのだが、そこも子どもにとっては庭のようなものだった。色々な犯罪者が列をなして連れてこられる。着せられている着物の色によって罪の種類が違うと聞いていた。編笠をかぶらされた赤色や青色の着物の列。それを見るのも刺激があり、少年的な楽しみであったが「そんなものを見てはいけません！」と、これまたよく叱られたものだった。

襲名と遺恨

父は、プライドの高い米相場の町でさえ「堂島のお師匠さん」と呼ばれるようになっていた。現代語訳をすれば「この町で応援する三味線奏者はこの人だけ」という意味だ。それほど父の芸術も成熟の域に達していた。

同時に大きな転換期を迎えてもいた。父はあくまでも「竹澤」であり、そして彦六座系の人間であった。周りもいずれは父が「竹澤彌七」を継ぐものだと考えていた。しかしそれ以上に、父の芸術性を深く理解していたのは、文楽座での師匠・鶴澤寛治郎であった。寛治郎の死後、寛治郎の兄弟弟子より「團六に鶴澤寛治郎を襲名してほしい」と遺言があったと聞かされた。これにはさすがに父も抵抗できなかった。結果、昭和十二年（一九三七）、竹澤團六を改め三代目・鶴澤寛治郎を襲名することになった。彌七の名は、九代目から預かっていた弟子の団二郎

三代目・竹澤団二郎
（後の十代目・竹澤彌七）

本名　井上一雄

大正6年、九代目・彌七に入門。

大正8年、団二郎襲名。

大正12年、六代目・團六（六代目・鶴澤寛治）に預けられる。

昭和22年、十代目・彌七を襲名。

に、将来継がせることにした。

米相場の町にはお祝い事に米俵を積む風習があった。新たに襲名した「堂島のお師匠さん」にも米俵が贈られてきた。数は十俵。それを父は苦い顔で見つめていた。なぜなら、この米俵の数には意味があったからだ。もし三俵なら「あなたが死ぬまでスポンサーをさせていただきます」という意思表示である。十俵というのは「今回限り」という意味だ。

なぜ十俵だったのか――当時同じく堂島エリアの北新地に野澤喜左衛門が住んでいた。喜左衛門は同じく鶴澤寛治郎の弟子で、父から見ればすぐ下の弟弟子であった。彼は父が竹澤彌七を継ぐのであれば、自分こそが鶴澤寛治郎を継ぐことになると考えていたらしい。しかし遺言によって思わぬ番狂わせが生じ、相当に気分を害していた。そこであからさまにお祝いをすることも出来ず、町からのお祝いもこういう形をとらざるを得なかったのだ。

そもそも気質の違う二人であった。芸に専念する父に対し、師匠の会計など「内向き」をきちっと管理してきた喜左衛門。父の襲名をきっかけにその反目は露骨になり、それが生涯続いてゆくことになる。

戦争へ

昭和十五年（一九四〇）。

高等小学校も終わりに近づく時分に、私の心にも変化が生じていた。相変わらずやんちゃをし続けていたが、子どもの時代が終わることを感じ始めていた。将来の進路も随分具体的に思い描くようになる。もちろん文楽への憧れはあった。しかし学校で「進路」という話になると、多くの少年が「士官学校への進学」、「工員として産業戦士になる」などと答える中、自分一人が「芸能界」というのは肩身が狭かった。そのうちに「僕は機械が好きだから、戦車隊に入ろう」、そんなことも思い始めていた。

社会全体の空気も変化していた。

父が家で三味線を弾いていると、通りから「非国民」という言葉が飛ぶようにもなっていた。男は全員国民服を強制され、日常的には着物を着なくなっていた。父もこの時に初めて着物を脱ぎ、国民服をつくったのであった。劇場には国民服で向かい、そこで着物に着替える。そんなご時世――着物を着て三味線を弾いている人間は「非国民」と映ったのであろう。

それにしても舞台に立つ人間は大変であった。空襲警報が鳴った時、着物のまま防空壕に向かうことが出来ないので、国民服の上から着物を着て舞台に臨む者もいたが、ゲートルのせいで足がしびれて立てなくなったり……今だから笑えるが、当時は真剣な問題であった。

この頃の私は各町内に置かれた警防団の手伝いにもよく出かけた。警防団というのは空襲警報が鳴ると、人々を防空壕などに誘導する自警的な組織であった。制服が少し変わっていて、襟が黒くナチスの親衛隊の恰好に似ていた。参加すると米一合とたばこ十本がもらえた。まだたばこは吸わなかったので、吸う人にたばこを野菜などの食料品と交換してもらったりしていた。とはいえ私は未成年。そのうちたばこをもらえなくなった。それでは困るので無理やりたばこを吸い始めることにして、もう一度もらえるようにした。ただ徐々に交換出来るもの自体が変質していった。例えばコーヒー。豆が手に入らなくなると、びわのタネが代用されるようになった。そしてたばこも松の葉、更にはかぼちゃの葉へと変わっていった。

二　戦中のデビュー

義兄・浜太夫（四代目・津太夫）

「戦車隊――」とは思ったものの、それでも文楽に未練はあった。家の前で人垣をつくった小春太夫の美声に私も魅了されていた。また義兄の存在も影響していた。三代目・竹本津太夫の息子で、当時は浜太夫を襲名したばかりだったが、彼も素晴らしい太夫だった。

「ああ、あんなふうになりたいな」

そんな夢を抱いていた。

義兄について少し触れておきたい。

戦時色が強くなっても、皇室や上級の文官の中には、文化に対する揺るぎない愛を持ち続けた人も少なからずいた。有栖川宮、梨本宮、高松宮――特に印象的であったのは朝鮮総督の阿部信行閣下のことである。閣下は三代目・津太夫を贔屓にしていた。それで日中戦争の時分に彼らをソウルに招き、素浄瑠璃の公演を開催したことがあった。その時三代目・津太夫は閣下に「なんとか息子が戦死しないようにしてもらえないか」と懇願をしたという。その結果、「息子」は閣下の運転手として二、三年朝鮮に留まることになり、その後は除隊となって文楽に戻ってきた。

左：四代目・津太夫、右：寛治

彼こそが戦後の文楽を復興させた義兄、四代目・津太夫である。もし兵隊にとられ戦死でもしていれば、現在、文楽は間違いなく存在していない。世間的には身勝手な親心かもしれないが、それが芸術にとっては「貴重な選択」となったのである。

直接の身内からは兄が文楽の舞台を目指すことになった。ところがいざ太夫を目指して父の師匠、二代目・鶴澤寛治郎のもとで稽古を始めたところ、もともと持っていた喘息が足かせとなり「不向きだ」と言われてしまった。三味線も「体が続きそうにない」と首を横に振られてしまう。想像しにくいかもしれないが、太棹の三味線を弾きこなすには相当な体力が必要なのだ。例えば修行の第一歩である「姿勢」。膝の上に三味線を置き、右の腕一本で楽器を斜めにし、左の手は膝の上に置いたままじっとしている。二時間でも三時間でもその姿勢を保つ。それが「入り口」である。病弱な兄がそれに耐えられる見込みはなかったのだ。

そこで突然私に白羽の矢が立った。本来なら試験を受けて入らなければならないのだが、私は無試験で受け入れられることになった。父が懇願したわけではない。父は単に私を荷物持ちと考えていただけであった。私とて文楽には思いはあったが、やっぱり兵隊への道との間で揺れていた。それでも強引に私が引っ張られたのは、「人手不足」のためであった。

デビューは琴・名は寛子

中堅はほとんど兵隊や徴用に出てしまっていた。父の代わりに継いだ十代目・竹澤彌七も、五代目・鶴澤燕三も、四代目・野澤錦糸も、鶴澤勝太郎も皆いない。舞台は老人ばかりになっていたのだ。そこで、こちらでもまさに「学徒出陣」が始まった。昭和十七年（一九四二）、十三歳でデビュー。楽器は三味線ではなく琴だった。与えられた名前は「寛治郎の子」という意味で「寛子」。しかも初舞台より前に「どうしても人数が足らん」ということで、無理やり八幡製鉄所での慰問の公演に立たされるという状況であった。

初舞台は翌昭和十八年（一九四三）。ところがこの「寛子」という名前がまたひと騒動となった。特高警察に呼び出されたのである。

「日本男児たるもの、かくも女々しい名前を使うなどもってのほかである」

別の名前にすぐに変えろと言われ、仕方なく弘法大師の「弘」と入れ替え「寛弘」と改めることになった。このような形で名前を変更した三味線弾きは、後にも先にも私だけであろう。

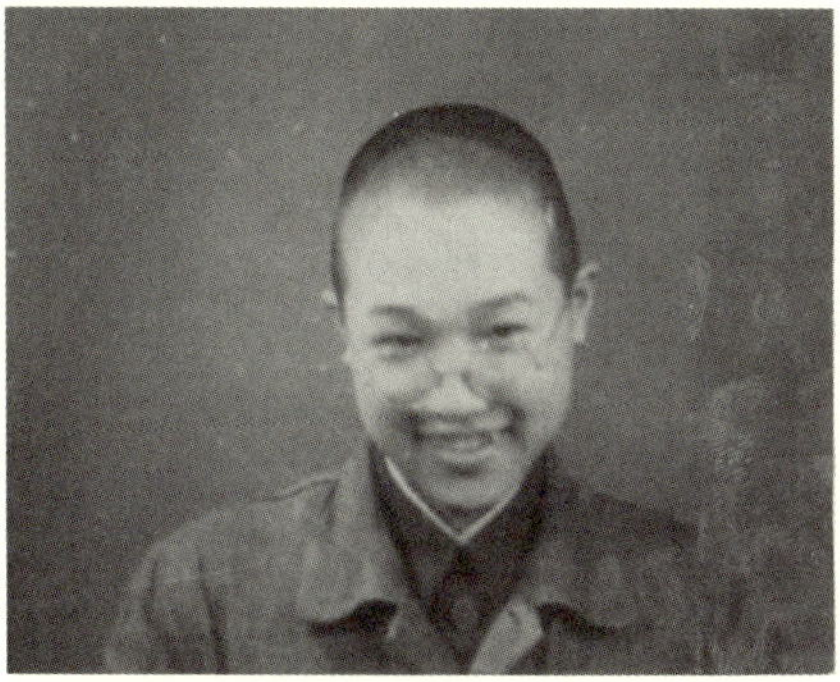

文楽座に入座した頃

デビューしてからも軍の慰問に出向くことは多かった。なかでも思い出深いのは、南海高野線北野田にあった陸軍病院に慰問に行った時のことである。「壺坂観音霊験記」を公演したが、終わる頃になると目の前に座っていた兵士が泣き始めた。彼は戦場で両目を失っていた。

「自分も……沢市のように目が見えるようになればな……」

そう言って泣いていた姿が今でも目に焼き付いている。

大阪大空襲

いざ、アメリカとの戦争が始まっても戦地は遠く、しばらくは「外」のことだった。多少の物資の欠乏などはあったとしても、大阪は相変わらず大都市としての営みを続け、米相場の町も気風を保ったままであった。

しかし昭和二十年（一九四五）三月にすべては一転した。第一回の大阪大空襲だ。標的は都心部を取り囲む住宅密集地。私たちの住んでいた船大工町も標的であった。

すさまじい炎。夜だというのに、昼のように明るかったことを今でも覚えている。

燃え盛る炎の中、家族は皆、逃げる準備にばたばたと走り回っていたが、気がつくと父の姿がない。急いで二階の稽古部屋に飛び込むと父はじっと座っている。

「お父さん！　もうあきまへん！　はよう逃げましょう！」

声をかけたが一向に動く気配がない。

「お父さん！」

もう一度声をかけると、ようやく父は口を開いた。

「この町が、大阪が無《の》うなってしもうたら、もう日本もお終《しま》いや！」

これ以上の問答をしていては埒が明かない。父の手を引いて一気に階段を下りた。そのまま燃え盛る町の中を走り抜け、気がつくと大江橋を渡り、日本銀行の前にいた。すると日本銀行が地下を開けてくれた。そこに逃げ込み明け方まで待機した。

人間の思い込みというのは大変なものである。ここまで悲惨な状況にあっても、皆「日本は必ず戦争に勝つ」と信じていた。私もそれを疑ってみたこともなかった。

しかし――

大空襲後の大阪駅前

この大空襲の翌日。私は伊丹基地（今の伊丹空港）にいた航空隊の慰問に出かけた。公演を終えると、航空隊の隊長が立ち上がりお礼の言葉としてこんなことを言った。

「いつまでも戦争が続くわけではない。日本は負けるだろう。しかし、問題はその後だ。君たちのような文化に生きる若者が、国民の心を支えなければならない。文化こそが民族にとっての知性であり、心だ。インドに行けば遺跡もあろう。中国に行けば仏像もあろう。しかしその精神は今でもあるのだろうか。日本にはそれがある。だからこそ日本は日本でいられるのだ。それを戦いの中でも実感している。

もう一度言う。この戦いは負ける。しかし戦争に負けたからといって、それが日本民族の敗北であってはならない。それゆえに文化が大切なのだ。とても大切になるのだ。こうやって君たちの姿を見ていれば、我々の将来も捨てたものではないことを感じる。将来を君たちに託し、我々は安心して命の限り戦うことが出来よう。今日は本当にありがとう！」

「君たちのような若者」――そう言った隊長もまだ二十歳そこそこの若者であった。真っすぐな目で「戦争に負ける」と言い、「将来を君たちに託す」と頭を下げる。

「飯でも食べていってくれ」と出された食事は、このご時世には考えられないほど贅沢な食事であった。しかしそれすら喉を通らないほどの衝撃を受けていた。残念ながらあの青年の名を覚えていない。恐らく戦死したものと思われる。

四ツ橋・文楽座焼失

さて、なんとか大空襲では生き残ったのだが、大阪はどこを見ても絶望的な光景ばかりが広がっていた。本当に何もかもが燃えていた。もちろん四ツ橋の文楽座も燃えた。多くの床本も、楽器も、人形もすべて燃えてしまった。

この時義兄・浜太夫は「なんとかしなければ」と立ち上がった。こんな状況では興行を行っ

四ツ橋の文楽座
出典：橋爪紳也監修『復刻版 近代建築画譜〈近畿編〉』不二出版、2007年、362頁。

ても、もちろん実入りが期待できるわけではない。それでもこのままでは文楽自体が滅んでしまう。そんなことがあってはならない。使命感が彼を走らせた。

義兄は松竹に向かい直談判をした。何度も足を運んだ。松竹も大打撃を受けた直後のこと。「文楽」復興に力を貸せる状態ではなかった。しかし義兄の熱意に心打たれた白井会長は老松町――爆撃の被害が及ばなかった裁判所の裏あたり、現在の西天満にあった映画館「老松座」を文楽座の本拠とすることを約束してくれた。文楽座にあった床本、三味線、見台などはすべて燃えてしまったので、疎開先に置いていたものを銘々が持ち込んで老松座に集めた。初日は秋――この再起に皆の力を結集させた。しかし六月に二度目の空襲があり老松座も焼失してしまった。集めた道具も燃えてしまった。

あえて言う。文楽はこの時、完全に滅んだのだ。

演者たちは方々に散っていき、別の職を始めるようになった。かき氷屋をする者、担ぎ屋をする者――人々に持て囃された浄瑠璃の演者が、一夜にして職を失ってしまった。家もない。私の一家もかろうじて残った倉の上に、拾ってきたトタンをのせて雨露をしのぐという有様だった。

義兄の復興運動

皆の心が折れる中、それでも義兄は負けなかった。文楽をもう一度蘇らせる。ものは消えても人は生き残っている。

このまま滅ぼしてなるものか！ ――「なんとか！ お願いします！」と散っていった演者や松竹に食らいついた。その説得に豊竹古靭太夫（後の山城少掾）、竹本土佐太夫、竹本七五三太夫、竹本住太夫が、三味線では父の他、野澤吉五郎、野澤八造、豊澤猿二郎（團平師匠の孫）、鶴澤清八、野澤喜左衛門が、人形では吉田文五郎、吉田栄三、桐竹紋十郎、吉田亀松の一門らが振り向いた。

とはいえ見台も、三味線も、人形もない。どうしたものかと思案するうちに、奇跡が起き

四代目・津太夫（左）と

た。人形を手に入れることが出来たのだ。淡路島の洲本に松谷辰造という耳鼻咽喉科の医者がいた。この人物が文楽人形を収集していたのだ。人形を貸してもらえないかと相談に行ったところ快く受け入れてくれた。同じように見台や三味線も爆撃を受けていない地域の愛好家が持っていて、それらを皆で手分けし、方々走り回ってかき集めたのであった。

ついに松竹も決意を固め、各地の映画館を舞台に興行してゆくことを決めた。大阪での舞台は朝日会館を使用することにした。人も足りない。床本も足りない。楽器や道具も足りない。もちろんお客も来ない。月のうち十日公演できれば万歳というところであった。もしこの時、津太夫が皆を説得して回っていなければ、このような再起も出来ず、また松竹も戦後、四ツ橋の文楽座を本拠として再建しなかったであろう。本拠があったからこそ、演者はそこを目指して戦地から戻ってくることが出来たのであり、戻ってきたからこそ今も文楽は続いているのだ。そういった意味でも四代目・津太夫の名は戦後最大の功労者として、文楽の歴史に刻まれるべきだと思っている。

終戦へ

大阪での大規模な空襲はその後も続いた。まばらな公演の間で、私自身は本気で文楽をやめようと考えていた。周りを見れば焼け野原。家も船大工町から北堀江に。何がないと言って食べ物だった。そこで朝日会館にあったレストラン「アラスカ」の門を叩いた。コックとして雇ってもらおうと思った。しかし身長が低く不採用となった。今度は天ぷら屋に行った。そこではしばらく雇ってもらえた。ただ、そんな仕事をしてみたものの、やはり三味線のことが忘れられない。「やっぱり弾きたい」という思いが大きくなり、程なく天ぷら屋を去ることにした。

工場での労働力が極端に不足し、我々非力な芸能人も「臨時の工員」として「献労奉仕」をするようになった。上方歌舞伎の三代目・實川延若や松竹新喜劇の八木五文楽、漫才のミスワカサ・島ひろしなどと一緒に、当時鶴見にあった椿本チエインに行ったことを記憶している。仕事の内容は鉄くずの掃除であった。

八月六日。

朝日会館で公演をしていると楽屋に奇妙な噂話が飛び込んできた。

「新型爆弾が広島に落とされたそうや。ピカドンキューという名前らしい」

それが原爆だと知らされたのは、もちろん終戦以後のことであった。「ピカドンキュー」というのは「ぴかっと光って、どんと音がしたら、もう死んでいる」という意味だった。これが当時の情報の姿だ。本当の怖さが何も伝わってこない。伊丹で聞いた隊長の話は心に残っていたが、それでも日本は勝つと本気で信じていた。

幸いなことに文楽関係者に戦死者は出ていなかった。ただ大阪砲兵工廠が爆撃された八月十四日の空襲では、三味線の鶴澤友平が命を落としてしまった。

初の東京公演

戦争が終わった。

戦地に行っていた演者も徐々に帰ってくる。それでもきっちり帰ってくるまでには一年以上かかった。その間も朝日会館での公演と地方巡業は続けられた。それが可能だったのは松竹が全面的に面倒を見てくれたからだ。もちろん採算は度外視、全くの赤字であった。

そんな状況下で東京公演を再開した。私も参加することになった。幼い頃、東京へ向かう父の背中に憧れていた。その夢が叶ったわけだ。

昭和二十一年（一九四六）。まずは名古屋の御園座で公演をし、翌日東京へ。会場は唯一焼け残った「東劇」だった。チケットを買うために行列が出来、劇場を二重に囲んでいた。我々の舞台の後には、続けて初代・中村吉右衛門や七代目・松本幸四郎、三代目・中村時蔵、初代・市川猿翁などが歌舞伎の公演をしていた。この公演で文楽は共演をした。「文楽特別出演」と銘打ち、「本朝廿四孝」の「狐火の段」をやった。三味線は父、私は琴を弾いた。その時狐を演じたのが、初代・中村獅童、萬屋錦之介、中村嘉葎雄の兄弟であった。

舞台は盛況だが、もちろん宿などあるはずはない。二十日を上回る公演の間、演者は楽屋で寝泊まりをし、食事もそこでした。これがようやく叶った「憧れの東京公演」であった。

余談になるが、この公演の途中に私は盲腸を患った。義兄と親しかった地唄舞今井流の家元・今井栄子（武原はんの弟子）が、自身が懇意にしていた高松宮宣仁親王殿下を公演にお招きしていた。私が盲腸で降板していると殿下が「あの小さな子はどうした」とお尋ねになられ、病院にお見舞いをお送りくださった。このことがきっかけとなり、以後も殿下にはお食事にお招きいただくなど、大層可愛がっていただいた。

その後の東京公演――昭和二十三年（一九四八）に新橋演舞場が復活し、そこを舞台とした。更に昭和二十六年（一九五一）に歌舞伎座が復活したことで、そちらに移ることになった。街は壊滅的な状況から急ピッチで復興していたが、それでも我々は公演中遊ぶところがない。現在、首都高が走っている下には築地川。ボートがあり、それに乗って京橋まで行き、三原橋、浜離宮をめぐって帰ってくるといった遊びをしていた。因みにボート屋は川辺で海苔をつくってもいた。またこれは時効だが、有楽町マリオンにかつてあった「日劇」。ここでストリップがあり、興味津々こっそり出かけたこともあった。

これが私の「青春」でもあったのだが、何といってもメインは父のもとでの三味線の猛特訓であった。

父の稽古

稽古はとにかく厳しかった。求めるもののレベルが高いのだ。

手取り足取りまるまる一段を教えたりはしない。「ここは難しい」という部分だけ稽古する。難しい部分というのは、例えば「鎌倉三代記」の「前」が肝心（「前」というのは、その段のおよそ前半部のこと）。「菅原伝授手習鑑」の「寺子屋の段」の前半分。「絵本太功記」の十段目の「前」、光秀が酔って歩いて「ええ女ごがいとるな」という音と、二階で踊っている音の弾き分け。更にその切れ目が分からないように、さりげなく続けるにはどう弾くか。「ひらかな盛衰記」の「逆櫓」もお筆の杖を持って出てくるところをどう弾くか。これらは決して技術的に難しい場所ではない。どのように情景を描くか、それをどう表現するのかが難しい場所である。その他の部分は他人の演奏を聞いて手数を覚えればよいのだから、という教育方針だ。

稽古もシンプルで一度目は師匠が弾き、二度目は一緒に弾き、三度目は自分一人で弾く。それだけだ。だから余計にきつい。こちらが駆け出しであろうがなかろうが容赦はなかった。三味線でいかに人間の内面を表現するか――その深みを常に要求された。

「伊勢音頭恋寝刃」の「油屋の段」。貢の出の合いの手。前半は貢の動き。後半は散財の模様。これを弾き分ける。出来るだけ自然に変えようと頑張るが、何度弾いても父は「違う！」といら立つ。「忠臣蔵」の「九段目」。雪の降る場面を描いても同じように「違う！」の一点張りである。

極めつけは「お前は嘘つきや」と言われたこと。今も昔も文楽を初めて聞くお客さんにはワークショップのようなことをしていたのだが、ある日「これが雪の手ですよ」「風の音ですよ」と紹介して舞台を下りてくると、いきなり父に怒られた。この時ばかりは私も反論した。

「でもあれは、雪の手ですよ」

しかし父は「それがいかんのや。あれは三味線の手数や」と言った。

「ええか。お客さんが聞いて、『ああ、雪が降ってる』と感じてもろうて初めて雪を弾いていることになるのや。それを伝えず形ばかり示したお前は嘘つきや」

こういった稽古を続けていると、何をしていても常に三味線を意識するようになり、自問自答する癖がついていく。

鶴澤寛五郎

そんな「苦行」の時代に一風変わった男が父のもとを訪ねてきた。弟子にしてほしいと思い、四国からやって来たという。名前は藤原波夫。盲目であった。

父の返事は否であった。それこそ取り付く島もないと言わんばかりの素っ気なさであった。しかし藤原はあきらめなかった。家の前に腰を下ろすと座り込んだまま動かない。「うん」と言ってもらえるまで帰らないと言い出したのだった。

「いずれ帰るやろう」

父はそう言って放っておいた。そして一週間が過ぎた。藤原はまだ座っていた。これにはさすがに父も根負けし「上がってこい！」と声をかけた。

藤原を前に置いて父は今一度断った。

「わしは目の見えんもんに三味線を教《おせ》えたことはない」

傍で見ている私としては「ここまで頼んではるのやから、教《おせ》えてあげればええのと違いますか」と言いたくなっていた。日ごろの父の稽古の厳しさと相まって、少し批判的になっていたともいえる。ところがそれが大きな間違いであることに気づかされた。

「お前は目が見えんさかい、触って動きを覚えろ。今からわしが弾く。お前はわしの後ろに回って腰を持て。その動きを覚えるんや」

そう言って父は藤原に腰を摑ませた。この様子を見て私ははっと気がついた。

——そうか。盲人にどう教えたらいいのか、父は今までその答えに迷っていたのか……。

この時まで文楽では盲人を指導したことはなかった。それを引き受けられるのか。引き受けたとして、どうして教えてやればよいのか——父の芸に対する厳しさとともに、真剣さと愛の深さを感じ取る。同時に私は己の小ささを思い知ったのであった。

父の藤原に対する稽古は苛烈を極めた。時には差別的な言葉でののしることもあった。しかしそののしりの裏に、「どうしても盲人には限界がある。一日でも早くそれに気づき、諦めることを勧める」という父の思いやりがあることも、次第に私には分かるようになっていた。

藤原はそれでもくじけなかった。そしてついに父から名をもらうまでになった。

鶴澤寛五郎。

その名を誇らしく掲げ、藤原は故郷に帰っていった。

「あの鶴澤寛治郎に名前を！」

故郷に帰った彼は一躍有名人となった。いたるところで声がかかり、まさにひっぱりだこであった。ただそのために過労で若死にしてしまった。もしかしたらこの結果も、父には見えていたのかもしれない。私は改めて父の偉大さを実感した。そしてその芸の後継者を目指すべく、一生をかけて精進することを誓ったのであった。

目指すのは芸術家

当時の自分の思いを語るうえで、一つのエピソードがある。先述の通り、戦後過酷な状況下で我々は東京公演を果たした。その帰途に名古屋の映画館でも公演をした。私を含め、後の九代目・源太夫、七代目・住太夫も若手として手伝いをしていた。そこへ人形浄瑠璃の好きな金城女学校の先生が楽屋にお越しになった。先生は我々三人に声をかけ、それぞれどのような将来を夢見ているのかと尋ねられた。

そう尋ねる先生の思いは分かっていた。戦前、大阪が焼けるまでは文楽の三味線弾きを目指す人間はごまんといた。今でこそ方々に募集をかけなければいけないほどであるが、当時は皆進んでこの道に入りたがった。なぜなら「食いっぱぐれ」がなかったからだ。文楽の舞台に立てなくてもよかった。文楽できちっと学んできたという看板さえあれば、習いに来るお弟子さんがたくさんいた。舞台で直接もらえる給料は安かったが、給料よりも「文楽」という信頼の方に魅力があったので、芸さえ磨けばお金は後からついてきたのだ。

しかし今は終戦直後。食べるのが精いっぱいで、義太夫や三味線を教えてほしいなどという人も出てくるはずがない。かつての後援者もすべて国税庁の調査が入り、徹底した月給制度になったために「社長が自由に出来るお金」もなくなってしまった。抱えている松竹も赤字で給料など雀の涙。そんな状況下でも頑張ろうとしている三人が、いったいどんな将来を夢見ているのか。そこに先生は興味を持たれたのだ。

私は根っからの口下手でうまくは説明できなかったが、ぽつりと一言。

「芸術家を目指したい」

それを聞いて源太夫も首を縦に振った。

さて、大きく出たものの、この夢は果たしてどうなったのか――。

齢九十を迎えた今でも「まだこの歳になって、これが弾けんのか……」とため息が漏れる。

全く情けない話だ。

戦後の四ツ橋文楽座前にて
左から源太夫、寛治、住太夫

三　復興と分裂

GHQの介入

終戦から一年が過ぎた。

各地から演者が帰ってきた。奇跡的に演者は、爆死した友平以外は誰一人戦死していなかった。脆弱ではあったが、すでに義兄と松竹で「文楽」再興の礎——朝日会館などの舞台と各地の映画館を回るという活動は続けていた。昭和二十一年（一九四六）には四ツ橋の文楽座を急きょバラックで再建。かつての面影など全くないひどい小屋ではあったが、「本拠」が蘇った意味は大きかった。そこに戦地から戻ってきた演者が集まってくる。また若手も入ってきた。

状況は厳しかった。客層はがらりと変わった。当然かつてのご贔屓さんのような「大人」の姿は見当たらなかった。シルクハットを入れるようになっていた椅子も、この頃ではお客が布を引きちぎって靴の汚れをふいて帰るので見る影もなかった。

それでも本格的な活動に入れる。士気は上がった。

ここでGHQから横やりが入った。

「組織をつくるのであれば、労働組合を持たなくてはならない」

これに真っ向から反対をしたのは、豊竹古靱太夫や吉田文五郎であった。

「これまで自腹を切って我々を守ってくださった松竹に「給料を寄越せ」「労働条件をよく

しろ」などと言えるわけがない。そもそも文楽で扱っている題材は義理人情。それを表現する人間が、実生活で真逆のことをしてよいものか」

義兄たちもそれに同調した。私も全くその通りだと思った。確かに日本は戦争に負けた。しかしそれだけを理由にして、伝統芸能という心の領域に土足で踏み入ってもよいということにはならない。これに限らずＧＨＱは様々な規制を押し付けてきた。切腹はだめ。敵討ちもだめ。帝への忠誠もだめ――ほとんどの演目が上演出来ない。これらは明らかな占領軍による暴力だと感じている。自衛のためではない暴力には知性がない。知性のない暴力が与えた傷は癒えるものではない。

現在、私は「文楽」の存続に危機感を覚えているが、その「最初の一撃」は、この時代にＧＨＱが与えた「暴力」だと確信している。

分裂

古靭太夫らの考えに皆同調すると思っていた。文楽の精神性を考えても当然そうあるべきだと思っていた。しかし現実はそうはいかなかった。

「時代が変わったのだ。舞台に立つ人間も人権が守られ、より良い労働条件を雇用者に要求

する べきだ」と言う人間が出てくる。それが半数にのぼった。なかには共産党に入る者もいた。議論は過熱し楽屋でも言い争いが絶えなくなる。そこで仕方なく両者袂を分かつことにした。

昭和二十三年（一九四八）に「文楽組合」を立ち上げ、組合に入る者が「三和会《みつわ》」、入らない者が「因会《ちなみ》」と二派に分裂したのである。私たち若手は師匠たちのいがみ合いの外側にいた。仮に自分の意見があったとしても、師匠を離れてしまえば勉強は出来ない。先述の名古屋で一緒だった若手三人も、住太夫が父の六代目に従って三和会に行ってしまった。他に三和会に行ったのは、三代目・豊竹呂太夫（後の十代目・若太夫）、豊竹つばめ太夫（後の越路太夫）、野澤喜左衛門、桐竹紋十郎たち。一方因会には豊竹古靱太夫、吉田文五郎、義兄をはじめ、八代目・竹本綱太夫、父・鶴澤寛治郎、竹澤彌七たちであった。

戦後の文楽はいきなり消えない傷を受け、低迷を余儀なくされたのであった。

あの日の雪

三和会は独立し、独力で経営をしてゆくことになった。興行としては自主公演の連続というばらの道を歩むことになる。一方、因会は引き続き松竹が面倒を見ることになった。活動としては再建されたバラックの文楽座を軸に、各地の映画館で巡業をするというものであった。特に巡業は若手の修業の場。様々なところに行かせてもらった。

ある時北海道に行く機会があった。公演を終え旭川駅で汽車を待っていた。一面の銀世界。日ごろ目にしない風景に我々は目を見張った。

すると仲間の一人が指をさす。

「あれ、何やろ?」

指さす方を見ると白い雪の上を、黒い塊がころころと動いている。しばらく見ているうちに犬が雪の上を飛び跳ねているのだと分かった。

その時であった。

ふと心の中にぴんと来るものがあった。

「もしかしたら、父の言っていたことは、このことではないだろうか?」

厳しい修行というのは面白いもので、常に自問自答をさせられるうちに、自然と目に映る光景を別のものにしてゆく。犬が転がるように雪の上を走る光景も、気がつけば三味線の音になっていた。

家に帰るや父にその話をし、早速三味線を弾いてみせた。じっと耳を傾けて父は笑顔を見せた。弟子入りをして初めて、父の嬉しそうな顔を見た瞬間だった。さすがにこの日のことは、今でも思い出すたびに胸を張りたくなる。

「曾根崎心中」の復活

文楽の分裂はその後も双方の経営に打撃を与えた。因会も低迷続きで、松竹だけでは面倒を見られなくなっていた。そこで声を上げたのが著名な評論家の鷲谷樗風《ちょふう》であった。「このままでは文楽は滅びる」という彼の声がけに、大丸の社長（当時）北沢啓二郎、サントリーの佐治敬三、近鉄の佐伯勇、大和屋など大勢の方々が賛同して「大阪文楽会」を設立した。この会が四ツ橋文楽座での公演を後援した。昭和二十五年（一九五〇）か昭和二十六年（一九五一）あたりのことと記憶している。大阪文楽会が主催となる定例会もあった。特にその中で第二十二回公演は歴史的な意義を持つ。

昭和二十八年（一九五三）は近松門左衛門生誕三百年にあたっていた。それを記念し歌舞伎作者の宇野信夫が、長く上演されていなかった「曾根崎心中」を新しく脚色し、新橋演舞場の舞台にかけたのであった。これが歌舞伎で大好評となったのを受け、本家である文楽でも「曾根崎心中」の復活上演をすることになった。とはいえ原曲が残っていない。そこで全く新しい曲をつくることになった。担当したのは初代・野澤松之輔。別名を西亭。松之輔は戦前戦中にも色々な作曲をしてきた。主に戦意高揚のための作品で、例えば「海国日本魂《ヤマト》」「水漬く屍」「忠霊」「出陣」「空の軍神偲ぶ俤」「奉頌皇紀二千六百年」といったもの。もちろんどれも残っていない。曲はよいのだが、やはりこういった題材には問題が多い。惜しんでそれらの曲を集め、京都で公演したこともあった。

作曲するにあたり松之輔は父に相談をした。特に最後の道行は家の稽古部屋で振りを考えつつ、舞踊家の澤村宗十郎（六代目・藤間勘十郎の弟子）とともに考案したものであった。私もこの時松之輔とともに連れ弾きをしていた。これを鷲谷樗風が演出し、上演したのが第二十二回公演であった。昭和三十年（一九五五）のことだ。

初代・野澤松之輔

因みに現在上演されている「曾根崎心中」はこの時に復活したものであるが、最後のシーンは多少異なる。もともとは最後に徳兵衛がお初を刺す手前で終わっていた。切り裂いた帯を結び付ける場面もなかった。それが少し後、アメリカで公演をすることになった時に、徳兵衛が当たり役であった初代・吉田玉男が「殺すシーンを入れたい」と言い出した。アメリカ在住の友人から「そうしないとアメリカ人には分からない」と聞かされたのが理由だった。

当時、太夫・三味線と、人形遣いとの間には大きな壁があった。人形遣いを「別の世界」と考える風潮が、竹本義太夫以来の「伝統」として存在していた。そのせいか、この時も玉男のアイディアを「人形は人形やから勝手にしたらええやないか」と師匠たちは気にもとめなかったのだとか。

ついでに話をすると、同じ三味線でも歌舞伎の床（＝太夫・三味線）のことを、文楽では「チョボ」といって下に見ていた。理由は歌舞伎では俳優が主であり、床が従であるからだ。弾き間違えれば飛び出して俳優に頭を下げる——文楽は太夫・三味線が独立しているという思いが強かった。それゆえに歌舞伎の床と共演をすることは昔から禁じられてきた。文楽の太夫を「大夫」と記す場合もあるが、これも豊竹古靱太夫が山城少掾になった時「チョボと一緒であってはならない」と点を抜いたのがきっかけであった。

そんな歌舞伎と文楽だったが、松竹のアイディアで戦中に「共演」が実現している。北新地にあった「北揚会」という集まりで、芸子二人に「寿式三番叟」を踊らせたことがあった。その本番を白井松次郎が見て大変面白がり、初代・市川猿翁に「歌舞伎で出来ないか」と持ちかけた。猿翁も興味を示したのだが、二人が舞う部分だけでは出し物にならない。冒頭の翁も出る全編をしなければ――となれば文楽の太夫・三味線の力が不可欠になる。「さてどうしたものか」――文楽の方も悩んだ。その結果、「文楽特別出演」と銘打ち、舞台の主導権は文楽の方に持たせ、役者は台詞なし。この条件であれば受け入れるということになった。出演したのは三代目・竹本相生太夫と鶴澤道八。幹部格の扱いで、楽屋も特別な部屋であった。振り付けは二代目・花柳壽輔。因みに新地で芸子に三番叟の稽古をしたのは父であった。

先述の昭和二十一年(一九四六)、戦後最初の東京公演において、歌舞伎との共演を「文楽特別出演」としたのも、この時の例にならったものである。

三味線を音楽としてクローズアップ

この時期は大阪文楽会という後ろ盾のもとで、松竹も「次世代の文楽」を考えていたのだろう。「古典をやるだけではお客は入らない。新作をつくらなければ。それも時代にあったものを生み出さないといけない」。そんな発想から多くの創造的な実験も行われた。例えば「三味線だけで語る」こと。松竹の白井松次郎だけではなく、「名番頭」の林梅太郎は浄瑠璃に精通していた。その見地から「究極の三味線の表現力」を導き出すことを考えた。それが昭和

林梅太郎（左から４人目）

二十九年（一九五四）に上演された「三味線組曲」である。内容としては「秋の一日」を語りなし、三味線のみで表現するというものであった。録音も残っているので今も時々聞き直すことはあるが、私個人の感想としては、これは無茶だったように思う。確かに「三味線が語る」は彦六座系の根本であるが、それは実際に語る太夫がいて、彼らを見事に語らせながら、三味線も独自の世界を描くということに醍醐味がある。一度結び付いた芸は、簡単にほどくことが出来ない。それを知る結果になっただけであった。しかしこの「三味線組曲」以降、三味線音楽の可能性を広げたいと考える傾向が強くなっていった。例えば昭和三十三年（一九五八）の映画「楢山節考」に、野澤松之輔が作曲した浄瑠璃を入れるといった試みはその一例だ。

襲名興行（昭和31年2月）
六代目・鶴澤寛治（左）と

道頓堀文楽座

文楽はその頃、いまだに四ツ橋のバラックを本舞台としていた。これではどれだけ時代がよくなっても広がりようがない。そこで松竹は劇場の移転を考えた。昭和三十年（一九五五）に文楽が重要無形文化財に指定されたこともあり、翌昭和三十一年（一九五六）、道頓堀の弁天座の跡地に「道頓堀文楽座」を新築することにした。席数は一千。この近代劇場が我々に与えたインパクトは大きかった。「ようやく上げ潮に乗った」と感じる者も少なくなかった。

この年、父が六代目・鶴澤寛治を襲名した。昭和三十年（一九五五）に私も八代目・竹澤團六を襲名していた。鶴沢寛弘から竹澤へ——もちろんこれは父が文楽座に来た時の、本来の目的（＝竹澤を残す）に準じた結果だった。竹澤彌七はいるが、それだけではいつ滅びるか分からない。そこで私も竹澤を名乗ることになったのである。新たな名前と使命、そして新しい劇場。私も期待で胸膨らませていた。

ただ振り返って考えてみると、近代劇場の登場は「今のままではいけない」という危機感と「一日も早く、かつての賑わいを取り戻したい」という思いが、焦りとなって現れたものだったのかもしれない。もはや浄瑠璃を習いたいという素人もおらず、文楽を支えた「大人の趣味」も消え去っている。当然そういった「大人」への憧れも若人に芽生えているはずはない。根本となる需要がない中で、「文楽の舞台に立ちたい」という若人もやって来ない。また松竹が抱えるのは因会のみ。演ずる方の人手不足が深刻な状況であり、その解決策も見出せていない。そこに巨大な劇場を設けた結果、負債が大きくなり松竹が文楽を手放すという事態へと発展していったのであった。

松竹との別れ

昭和三十五年（一九六〇）、松竹は道頓堀文楽座の土地と建物を歌舞伎座に譲渡し、歌舞伎座から借りて運営するという形態をとることにした。それでも経営の悪化をとめることが出来ず、二年後の昭和三十七年（一九六二）には興行権を放棄した。

昭和三十八年（一九六三）。我々は新たに国、大阪府・市、企業からの支援で立ち上がった財団法人文楽協会に保護されることになった。道頓堀文楽座も「朝日座」に改称され、舞台としての文楽座の名は大阪から完全に消滅したのであった。

松竹という後ろ盾を失った文楽をどうしてゆくべきか。これは難問であり、我々への問題提起であった。国は伝統芸能としての文楽の価値を認めている。しかし松竹が手を離すということは、今のままでは「現代的な興行としては成り立たない過去のものだ」と言われかねない。伝統を守りつつ、時代の中で「生きた舞台」として継続してゆく――そのための答えとは何か。白井松次郎のように戦略と芸に対する目を持った人間は、すぐには生まれては来ない。

義兄の津太夫がそのあたりをどう考えていたのかは分からない。ただ、彼は戦後復興を呼びかけた張本人として責任を感じていたのであろう。仮に「過去のもの」という保存のされ方をしたとしても、まずは生きるための「場」を手に入れなければならない。

彼は再び奔走した。様々な政治家とも接触し嘆願をした。

「なんとか文楽を伝統芸能として、国に引き取ってもらうことが出来ないでしょうか」と。

交渉の糸口

交渉の結果、文楽を国に引き取ってもらう準備として、昭和三十七年（一九六二）にシアトルで開かれていた万博の日本館に出演することになった。ただし文化庁から条件が与えられた。分裂している因会と三和会が合同で演者を出すこと――これには大きな反発があった。しかし松竹との関係も消えている。国に引き取ってもらえなければ、文楽はどうなるか分からない。長年三和会の方も自力でやって来たが、経営的には限界に来ていた。将来本当に和解するかどうかは別にして、まずは「お上」の意向に従うかどうかを因会と三和会の中で長期間話し合った。その結果「今回は一緒の舞台に立とう」ということになった。

両者が同じ舞台に立つ。分裂から十四年振りのことであった。舞台は万博の日本館の他、ロサンゼルス、そしてカナダのバンクーバーなどであった。演目は依然腹切りなどはＮＧなので、「壺坂観音霊験記」、「壇浦兜軍記」より「阿古屋琴責の段」、「絵本太功記」の「十段目」＝「尼ケ崎の段」、そしてコミカルな「釣女」であった。果たしてこれが外国人に理解できるのだろうかと心配はしていたが、いざやってみるときちっと伝わっていることを実感した。

この公演が成功したことで勢いづくと、四年後に第二回目の海外公演が実現した。もちろん両会の合同チームで。行先はハワイを含むアメリカのいくつかの都市であった。演目は「傾城

万博に出演
上・中：アメリカに到着
下：街中にて（右が寛治）

阿波鳴門」であった。

珍道中

いざ海外に行くとなれば、それこそ大ごとであった。公演の予定は約一か月。舞台に必要な資材はひと月前に船に乗せて向かわせた。人間の方はというと、羽田に向かうことになる。特急「つばめ」に乗って九時間。浜松町からのモノレールは出来ていない。羽田に向かう高速道路は出来ていた。まだ都電が走っている時代だ。東京駅より日本航空のバスに揺られ、その部分的な「高速道路」を通って空港に向かう。飛行機でハワイまで十二時間。二時間休憩をし、ロサンゼルスまで六時間。また一ドル＝三六〇円。しかも一度に持っていけるお金に上限（五十万円）があった。今と比べれば、不便なことこのうえもなかった。

アメリカでの作法の訓練をする人も多かった。スープをすすらないで飲む練習。ベッドで寝る練習。チップという習慣。公衆トイレではコインが必要。トイレも水洗など見たことがない。椅子に座っての食事なども慣れない。現地ではトランクを机がわりに置き、床の上に正座をして食事をした人もいた。このように作法に気を遣ったのは、我々より先に歌舞伎の一団が渡米公演をしたことがあり、その時の失敗談を聞かされていたからだ。彼らはホテルの風呂にお湯を張ってカーペットを水浸しにしてしまったり、挙句の果てには、くさやを部屋で焼いて、ホテルをパニック状態にさせてしまったり……それでホテルを追い出されたのだとか。

下準備のおかげでそういった「事故」はなかった。見るものすべてが珍しかった。日本でもコカ・コーラが全国的に発売されていたが、現地で初めてセブンアップを飲んでその味に驚いた。いろんなものが自動販売機で売られていることにも感銘を受けた。父は「コーヒーが飲みたい」とよく言った。そのたびに自動販売機に走る。しかし書かれている文字の意味が分からない。これかと思って五十セントを入れてみる。出てきたが「ちょっと違う」。もう一度コインを入れて別のボタンを押す。そんな弥次喜多を地で行った。

「アメリカに行けば競馬に行く」と父は決めていた。通訳の人数は限られている。全員をフォローすることは出来ない。それでも父は物怖じせず一人で出かけ、すべて手真似でコミュニケーションをとった。シアトルでは地下鉄に乗って競馬に。どうやって馬券を買ったのか……。ロサンゼルスではディズニーランドに行き、着物のまま馬に乗って遊んだ。随分楽しんでいたように見えた。それでも飛行機は辛かったのか、父は「もうこりごりや」と以後の海外公演には参加しなかった。

第二回目の公演が成功すると、行き先がヨーロッパにも広がっていった。フランス、イタリア、オーストリア、更にはオランダ、ベルギー、西ドイツ、イギリスなど。ヨーロッパともなるとカナダを経由して三十時間の旅だ。イギリスまでは日航。そこでパンナムに乗り換えてドイツに行った。父が「もう参加したくない」と言ったのはまさに「正解」であったといえよう。

パリジェンヌの涙

ヨーロッパで特に印象的であったのはパリでの公演であった。「妹背山婦女庭訓」を上演したところ、会場の女性たちが次々と泣き始めたのだ。手元のパンフレットにあらすじはあったかもしれないが、字幕などなかった。言葉の意味は分からなくとも、その心情がきちっと伝わっている——演じているこちら側が驚きを禁じ得ないでいた。ただ、舞台からは別の意味で「奇妙な光景」を目にすることになった。涙とともにアイシャドウが流れているため、フランスの女性の目から黒い涙が流れているように見えていたのだ。

さて話を戻そう。第二回目の渡米公演を終えて帰国すると、その年の秋＝昭和四十一年（一九六六）十一月、東京に国立劇場が完成した。一般的な資料には、すでに昭和三十七年（一九六二）に文楽協会が出来た時、三和会と因会が「和解した」とされているようだが、私の記憶では両者が和解したのは、劇場完成に伴って設立された特殊法人が、文楽の面倒を見てくだされることになるタイミングであったと思う。文楽を国が引き取る——その代わりに和解をする。海外公演は雪解けムードをつくるために準備してもらったステージだったと理解している。

両会の溝

では両会は素直に和解したのかといえば、そんなはずはない。両会が培った哲学は水と油であった。もともと文楽で支給される給料は、「チリ」と呼ばれるほど安いものであった。しかし戦前まではほとんどの演者が「ここで儲けよう」とは思っていなかった。自然に文楽の舞台は修練の場として純化されていった。因会はこの考えを継承したわけである。一方、三和会は舞台を「仕事」と考えた。仕事として演じ、給料として対価を得る——現代的に考えればこちらの方が自然かもしれない。

しかしすべてを時勢のせいにしてよいのだろうか。彼らも知っていたはずだ。我々がなぜ、常に白装束で舞台に立つのか。それは舞台に命をかけ、そこでいつ死んでも本望であるという覚悟の表れであったことを。また舞台に立つ時に言う「よろしくお願いします」も、「もしここで自分が死んでも、最後まで舞台をやり遂げてください」という意味を含んでいることを。それゆえに彦六座系の豊澤團平師匠が、実際に舞台で死んだことが伝説として語られている。

どこまでも舞台は神聖な場所である。それを労働の場と考え、違和感を覚えない神経が私にはやはり理解できないのだ。

父の稽古によって、三味線の奥にある精神の存在を常に意識させられていたせいか、意識の違う三味線の音はやはり違ったものに聞こえた。

——下手な鉄砲も数うちゃ当たる……。

言い方は悪いが、三和会の三味線はそんなふうに聞こえた。「もっとじっくり考えてから演奏すればいいのに」とも思った。それは三味線だけではなく、太夫、そして人形の世界でも同様であったようだった。ただし、これらは因会からの見解だ。同じ程度に三和会にも主張があり、「違う」と感じていたことであろう。

本来であれば、それは芸の力によって白黒はっきり付けるべきであったと思う。しかし、その審査をする人間がいなくなってしまったことも仇となった。もしこの状態が松竹のもとにいた時代に起きていたのであれば、実に簡単に勝敗が付いていたことだろう。白井松次郎も名番頭の林梅太郎も、ずば抜けた審美眼を持っていた。舞台の稽古を見て「こいつはいける」と思えば、どれほど若手であっても重い役を与えていた。同様に、どれほど年功のある演者であっても「やめた方がいい」と判断すれば否応なく舞台を降ろされた。そういった目で両者の芸を見てもらえれば、どちらが「正しい」のかはっきりしたことであろう。

国の組織となった以上、審査は自分たちでしなければならない。もちろん総監督として国の方《かた》が稽古には立ち会うが、「伝統芸能」として見る視点と、「興行」として見る視点では異なる。後者に関する部分の指導・指摘は各師匠の仕事となる。

しかし師匠は他人の弟子には文句を言わない。総合芸術としての伝統芸能が、徐々に各一門の個人作業となって併存してゆくことになる。互いに摩擦を避けるようになれば、結局、年功序列が公平な物差しとなる。この状態が続く中で、文楽は更なる「負のステップ」を踏むこととなった。

四　太夫と三味線の分裂

父の死

昭和四十九年（一九七四）。

「死ぬまで勉強やぞ。『よう弾きはったな』と死んだ後に言われてこそなのやから」

そう言っていた父が亡くなった。またその後を追うように、三和会の三味線を率いていた野澤喜左衛門もこの世を去った。両会派が混ざり合わないとはいえ、何といってもこの二人はそれぞれの「大師匠」として文楽の質を保つ要となっていた。

実際、太夫も彼らには何も言えなかった。それは当時まで続いていた指導方法も影響していた。太夫の修業はまず、三味線奏者の指導を受けるところから始まっていた。三味線奏者が声の質や品などを見極め、将来どういった場面を得意とする太夫に育てるのかを定めるのだ。それを師匠となる太夫に伝え、太夫はそれに基づいて弟子を指導する。仮に師匠がダミ声であっても、弟子入りした者が美声を持っていた場合は、それを伸ばす方向で指導するよう三味線奏者が申し送る――そんなシステムであった。国立になった後も劇場には養成課が生まれ、そこで野澤松之輔、竹澤彌七、鶴澤重造ら三味線奏者が入門したての太夫を育てていた。

ところが父と喜左衛門が亡くなると、まるでそれを待っていたかのようにつばめ太夫、住太夫、南部太夫、津太夫の四人が、このシステムを解消したいと言い始めたのだった。

東京公演後、東京駅にて
六代目・寛治（左）と

受け手の国立劇場は立場が違う。文楽の師匠を学芸員的に信頼しているため、その意味するところがよく分からない。結局は「大師匠四人がおっしゃられるならよいでしょう」と承諾するしか方法がない。

三味線側も「別にお金をもらってやって来たわけやない。そっちがいらんというのやったら、こっちかていらんわ」と言い出す。こうして両者は「ともに培う」という関係を解消してしまった。

四人の太夫にしてみれば、入門時にしごかれた「師匠」が三味線にいるということが、どうにも我慢ならなかったのであろう。またあの父のことである。相当に厳しい稽古をしたことは想像に難くない。しかし、この関係を解消することの本当の意味を彼らはどのように考えたのだろう。

思い出すのは豊竹松太夫（後の三代目・春子太夫）のことだ。戦中に太夫に入門した彼は父のもとで最初の稽古を受けた。父は彼の持つ美声をうまく伸ばしてやるべきだと判断。予想通り艶物で有名になった。因みに「松太夫」というのは、松竹の白井松次郎本人より一字いただいて生まれた名。淡路の人形芝居より十代目・若太夫を慕って文楽に入っただけに、入門当初、浜太夫（津太夫）、つばめ太夫（越路太夫）、越名太夫（南部太夫）などは「デコ紋ちゃん」と馬鹿にしていた。「淡路のデコ芝居の紋下（＝座頭）」という意味だ。しかし彼の才能をすぐに見抜いた白井会長は、自分の名前まで与えて取り立てた。馬鹿にしていた太夫たちは皆、彼よりも下位となった。年功序列の価値観では絶対にありえない英断であり、それもかつての文楽の魅力でもあった。

ところが、昭和三十八年（一九六三）に松竹が文楽から離れるや否や、「何でも語るのが太夫だ」という乱暴な理屈が太夫の間で独り歩きし始めた。艶物の松太夫（この頃には三代目・竹本春子太夫を襲名していた）にもそれを強要し、勧進帳の弁慶などを語らせたのだ。結果、松太夫は美声を失ってしまったのだった。

人を育てるというのは本当に大変なことだ。ましてや芸は本当に繊細なものである。心ない乱暴さが一人の芸人を殺してしまう。そんな繊細な人材の育成には段階がある。赤ちゃんの状態は「母性＝三味線」が育て、独り立ち出来るようになってから「父性＝太夫」が育む――父をはじめ先人の師匠たちが皆、「父親だけでは育たん」と言っていたことを思えば、それをいとも簡単に消滅させた彼らの罪は重い。またそれを自力で制止、あるいは回復出来ない国立劇場という組織にも問題はある。これではせっかく国立になったのに――今は亡き師匠たちに申し訳が立たない。

三味線の変化

「ならば今、あなたが運動をし、もう一度システムを復活させればよいではないか」――その通りだ。しかし残念ながら、それもままならなくなった。三味線の世界にも意識の変化が生じたからだ。

舞台を純粋な鍛錬の場とせず、職場と考える人間が多くなると指導の方針も変わってくる。端的に言えば、「精神論」を教えず「手が回る」ようにトレーニングをするようになる。当然この方が頭数をそろえるには効率的だ。「まずは実際のステージを与え、そこから徐々に学んでゆけばよい」――そんな発想が横行する。金メダルをとったフィギュアスケートのオリンピック選手が、芸術性についてインタビューされた時、きちっとした基礎を完璧に重ね上げていけば、おのずと芸術性は生まれるといった趣の答えをしていたと記憶するが――全く同意見である。

では、かつての稽古がどのようなものであったのか。先述の通り最初は姿勢。左の手は膝に置き、右の手は三味線をおさえ、そのまま何時間でもじっとしていられるようにする。続いて息づかいなどを教える。

しかし、一番強調されたのは内面の指導であった。「優しい気持ちを持て」――それが三味線の内面に求める根幹である。「親に心配をかけない」「親孝行をしなければならない」「はき一枚でいいから送るようにしろ」「ご先祖を大事にせなあかん」……今の人には陳腐な言葉に聞こえるかもしれないが、こういった優しい気持ちが品を与えてくれる。そうすると芸にもそれが出てくる。そこを磨いた。

なぜ内面を「鍛え」なければいけないのか。演者はいつか独り立ちしなければいけない。自力で感じることが出来なければ、何も生み出せないからだ。これればかりは天才でもない限り、生半可なことでは芽生えて来ない。なかなか開かない重い蓋のようなものだ。それを開かせるのは、どこまでも自分の力でなくてはならない。だから稽古は厳しいのだ。そしてその厳しさは――いつか独り立ちできるようにしてやりたいという「愛」であり、最も合理的な「近道」

なのだ。

確かに必要なことが床本には書かれている。それは先人が伝える最低限のヒントに過ぎない。明確に書き記し「この作品はこうだ！」としてしまうことも出来たかもしれない。しかし、それは絶対にしてはならない。後世の人間の持つ想像力を否定することになるからだ。過去も、現在も、未来も、——同じ芸の道に生きる人間同士は、尊重し合わねばならない。それを成立させる唯一の方法。それが内面の稽古だ。先人が自分たちの想像力を信じて残した最低限のものをもとに、想像力を膨らませ新たに描く。それを後進に示して、その「心の震え」とでもいうべき感銘を共振させる。それが伝統芸能の道を選んだ者の使命であると思う。

内面の稽古。明らかに今の指導からは消えている要素だ。これについては申し訳なさを感じる。少なくとも我々の年代の演者には、そういったことを教えてくれる力強い芸が目の前にあった。どれほど突っ張っても、聞かされれば「ああ、違うものだ」と思い知らされる。今はそれがないのだろう。若い人に理解せよといっても――「もの」がないのだから仕方がない。

伝説的な名演

かつて私たちを魅了した名演――三代目・竹本津太夫の「ひらかな盛衰記」の「逆櫓」、「絵本太功記」の「十段目」、「伊賀越道中双六」の「沼津」。幼い頃にこの「逆櫓」を聞いて、次の太夫に変わった時に「ああ、このまま語り続けてほしい」と感じたものだ。またこんな逸話も残っている。主人の浮気の現場をおさえようと劇場に飛び込んでいった女性がいた。ちょうどその時、津太夫が「十段目」を語っていた。「いったい夫はどこにいるのや!」と血眼になって探していたつもりが、気がつくと浄瑠璃を最後まで聞いてしまっていたのだとか。

豊竹古靭太夫（山城少掾）の「菅原伝授手習鑑」の「道明寺」は特別に品がよかった。また「良弁杉由来」も幼い頃に聞いた時、「可哀そうだな……」と泣いたことを覚えている。

五代目・竹本錣太夫の「伊勢音頭恋寝刃」の「油屋の段」。これは誰もが認める「完全なも

豊竹古靭太夫（山城少掾）

三代目・竹本津太夫

の」だ。この名演にも逸話が残っている。錣太夫について少し触れておこう。浄瑠璃には珍しい江戸っ子である。二十二歳の時に、大阪に来て彦六座系の看板太夫、大隅太夫の弟子となった。その後、明楽座でデビューする。彦六座系の外題が持つ独特の世界観を見事に描いた。特に「伊勢音頭恋寝刃」の「油屋の段」では昭和初期に圧倒的な人気を誇った。

　ある時、ご贔屓にしていた旦那が錣太夫を座敷に招き、ぜひ「油屋の段」を語ってくれと注文した。しかし錣太夫は首を横に振る。「今は出来ない」と。

　どうも様子が変だ。ピンときた旦那は楽屋内で使う隠語で「おといちかました

五代目・竹本綴太夫

んかいな（＝質に入れたのか）」と尋ねた。図星であった。なんと金に困った綴太夫が、「油屋の段」を語る権利を質に入れていたのだ。旦那は番頭を走らせて買い戻し、無事、綴太夫は「油屋の段」を語ったという。質屋のウイットなのか、綴太夫の芸人気質なのか――昭和初期に浄瑠璃がどのように愛されていたのかを知るエピソードだともいえよう。

因みに父はこの綴太夫と録音をしたことがある。昭和三年（一九二八）頃のことだ。当時の録音は集音器（ラッパ）に向かって演奏し、三分演奏したらいったんストップ。原盤をひっくり返して続きを演奏するといったものだった。その後はワイヤーレコーダーという針金のようなものに録音をするようになる。これは演じるのではなく「残す」という全く別の作業だった。他にも名演はたくさんあったが、とにかく三代目・津太夫、山城少掾、綴太夫の三人の芸は特別なものだった。

手が回るだけの三味線

それらが消えてしまった今、手が回るだけの三味線は何を描くのか。例えば「近頃河原の達引」のお俊。彼女が登場する場面を若い三味線弾きは書かれた通り、しかも「綺麗に」弾こうとする。しかし、三味線は技術を見せるのではなく、人物を描かなければならない。この部分を綺麗に弾いてしまえば、その女性は品位のある、位の高い女性のイメージになる。「壇浦兜軍記」の阿古屋や、教養のある女郎であればそれでいい。しかし、お俊は「橋下」といわれる女郎。原作が書かれた時代には、京の本願寺の前にいた「おこもさん（物乞い）」が、その日の上がりで抱く女性がいた。それが五条橋より南（下＝しも）に多くいたので「橋下」と呼んでいた。独特の「下品さ」を感じさせなければならない。決して綺麗に弾いてはならないのだ。知識だけではなく、それに連動する人間の心をイメージする。それをいかにお客に伝えればよいのか……そんな自問が出来る「心」がなければ、何も表現したことにはならない。

初演当時、普通にあった光景もその大半が今の世では消えている。指導的立場にいる三味線奏者も、どれほど「古の光景」を知っているかは疑問だ。先代から学んでいたとしても徐々に記憶からは消えてゆくだろう。

例えば、御詠歌「那智のお山に」と歌うところを、女郎の「おやま」のように発音して平気な若者もいる。また「女郎」という言葉が、平家滅亡後体を売るしか生きる術のなかった高級女官「上臈《じょうろう》」から生まれた、ということも知らない。

少し話が逸れるが、三味線と心との関係を考えるうえで印象的な出来事があった。かつてアメリカ合衆国から三味線を学びたいといって、国立にやって来た青年がいた。名前をロバート・ランといった。国立での養成は将来、文楽の三味線奏者になることが条件であったので、彼がそこで稽古をつけてもらうことは許されなかった。気の毒に思い、私は自分の宿で彼に稽古をつけてやることにした。

ある日、彼が宿に来て演奏を始めたのだが、それを聞いていると「おや?」と感じた。

「お前、今日、出しなに何かあったか?」

と尋ねると彼は目を大きく見開いて「師匠、分かりますか? 実は女房と喧嘩をしてきたんです」と答えた。

「それでお前が謝ったんと違うか?」

重ねて問えば「妻から電話でもあったのでしょうか?」と驚いている。

「そうではない。三味線の音。後が弱くなっているから、それが伝わってくるんや」

このように心の有様は、そのまま音に反映するものである。

昭和二十九年（一九五四）にテープレコーダーが出来た時、父たちは「これで芸は終わった」と言った。当時はなんでそう言うのかが分からなかった。しかし思えば至極当たり前のことである。テープに残してしまうと「その瞬間の師匠の手」が保存される。弟子はそれを真似る。師匠はそれを聞いて「違う！」と言うが、弟子は「しかし師匠はこのように弾いていた」と反論する。

実に馬鹿げた話だ。

師匠は自力で答えを模索している。その背景には、義理人情を照らし出そうとする「心」がある。しかし時代とともに義理人情も変化すれば、歳を重ねるごとに師匠の「心」も変化する。その照応のたまたまの一瞬をとらえ、それこそが真似るべき形だと弟子が考えれば――創造とは程遠い、何の値打ちもないコピーが量産されてゆくだけだ。この考えが、いかに危険であるのかを、もう一度文楽の人間は意識しなければいけない。残念ながら今の文楽の主流は、この量産体制にある。「太夫の入り口は三味線で」などと言えるような状態ではない。かえって迷惑をかけてしまうだけだ。

国立文楽劇場

東京には国立劇場がある。文楽は国が保護している芸能なので、国立劇場で主催公演をする場合は賃借料が不要であった。しかし、大阪での主催公演会場は「朝日座」。当然賃借料は発生した。国立の組織が一定の小屋を借りて公演をすることが、不自然ではないかという声が上がった。大阪にも文楽専用の「国立劇場」を建設しよう。そんな運動が大阪府・市、関西財界の中から起こった。

計画が浮上した当初は候補地が二つあった。一つは中之島。もう一つは高津小学校跡地であった。今では考えにくいことだが、当時はまだ「中之島は寂しい」と言われていた。そこよりもミナミに近い後者の方がよいという意見にまとまり、国立文楽劇場が出来た。昭和五十九年（一九八四）のことであった。

この時代の大阪には、行政主導のもとで何かと賑わいを現出させようという動きがあった。大阪21世紀協会が発足し、「グラウンドデザインの基軸」も制定された。大阪城築城四百年祭や御堂筋パレードも開催された。

経済のことはあまり詳しくないが、いわゆるバブル経済と呼ばれる好景気が招いた現象でもあろう。「大阪の都市格の上昇」を唱える実業家も現れ、特に、文化方面に財力が投入された時期でもあった。大阪から世界へ羽ばたく人材を。そんな名目で「咲くやこの花賞」を大阪市が贈呈し始めたのもこの時期のことだった。

身の回りでも「新しい文化創造」に力を投じる傾向があり、私自身も新作を書く機会を与えられることになった。しかしどうしても手に詰まる。考えがうまく形にならない。そして古の作品を見直し、改めてその発想の深さ、柔軟さ、力強さを思い知らされた。作曲に関しては、挑戦すればするほど「昔の方にはかなわない」という敗北感に打ちのめされるばかりであった。大阪が文化を前面に押し出そうとしている中で、結局、私が得たものは「古典を極めるべく精進せねば」という思いであったといえる。

鶴澤寛治襲名

伝承——そこに身を捧げることは、どこまでいっても「辛い」ものである。父のもとで学び、多くの師匠の芸を見てきたにもかかわらず、いったい自分に何が出来たのかという絶望感が残るのみだ。しかし、そんな本人の思いとは別のところで物事は動いていく。

平成九年（一九九七）、人間国宝に認定していただいた。それまで文楽で人間国宝に認定された三味線弾きは四代目・鶴澤清六、父の六代目・鶴澤寛治、野澤松之輔、二代目・野澤喜左衛門、十代目・竹澤彌七、四代目・野澤錦糸、五代目・鶴澤燕三。そこに八代目・竹澤團六として加えていただくことになった。

更に平成十三年（二〇〇一）には七代目・鶴澤寛治を襲名した。寛弘から竹澤團六を継いだ時、もちろん父としては「竹澤を増やしたい」という思いがあったわけだが、もう一つ別の思いも持っていた。父は「寛治郎」という名をあまり息子に継がせたくなかったのだ。理由は色々あるが、最も大きなものは野澤喜左衛門とのことであったろう。

竹澤彌七には弟子もいたので、その系列が竹澤を継ぐ。私には竹澤團六という名で修業を積ませ、その先に寛治という「座頭格《ざがしら》」の名前を継がせる――父にはそんな考えがあったようだ。今際の際で父は言った。

「寛治を目指すのもよし、竹澤でゆくのもよし。お前が選んだらええんやで。ただ寛治は代々名人上手が継いだ名前や。それを目指す方がええとは思う」

寛治襲名――その意味は十分分かっている。周りの勧めもあった。すべてを含め、私はこの時決心をした。

しかし、この頃から心底実感したのは「今の舞台は面白くない」ということであった。「独立」した太夫は音階を理解していない。三味線についていくだけで精いっぱい。まるで「唱歌」を聞いているような気がする。かつてであれば「音階はこうなっているが、ここはこういった方向で入る」と、太夫は巧みに音楽の間を泳いでいたが、張り扇一本の稽古では、そんなことはもはや望めない。三味線奏者の中には「もとのシステムに戻すべきだ」と唱える者もいるが、太夫が望まぬ状況で「こっちに来い」とも言えない。

舞台はあくまでも「仕事」。芸を深めることよりも、まずはこれをこなすこと。そんな哲学が大勢を占めている。とにかく形だけ整えればいい。舞台の現場がなんとなく整えばいい。太夫も語ればそれでいい。そして三味線も手が回ればいい――。研修生として入ってくる人間にも「お給料はいくらですか?」と聞く者が多い。研修も就職活動なのだろうか。「他に行くところがなく、親に勧められて来た」とそんな声も聞く。

将来への期待

一方で鶴澤燕二郎や鶴澤友之助、孫の鶴澤寛太郎のように「本当に芸が好き」でぐいぐい伸びている者もいる。また鶴澤清志郎の存在も大きい。そもそも彼は人形づかいの研修生として入ってきたのだが、三味線弾きが異口同音に「三味線をやればいい演者になる」と言って勧め

た。結局、今、優れた演者として成長し、文楽を支える一人の重鎮となりつつある。彼らを見ていると、現在の深刻な諸問題を解決し、より良い方向へと文楽を導いてくれるのではないか——そんな明るい将来を見せてくれそうで心強い。

彼らを奨励するうえでも文楽内部での演者の表彰、その評価方法も見直すべきだ。舞台で演じた外題を並べ、「よかった」と思われるものに○をする。その数が多かった者を表彰する——このように今は舞台での、たった一度の成功といった「目立った部分」を評価の主軸に置いている。これは間違っている。日ごろの稽古をしている様子。地味でもひたむきに追求する心。それをきちっと見なければいけない。そして上に立つ人間が「将来こいつは伸びる」と見極めてやらなければならない。審美眼自体が歪んでしまっているのだ。

父はよく言っていた。

「生きているうちに名人上手といわれる者は、決して本当の名人ではない。死んだ後にいつまでも名の残る人が、本当の名人だ」と。月並みに聞こえるかもしれないが、たった一つの真理だと私は思う。

「生きているうちに名人上手といわれる」——それは「宣伝効果」だということだ。そういったものがすべて洗い流された後に、本当の宝石は輝く。

これはあらゆる舞台全般にいえることかもしれない。能でも創作を見るがあまり感銘を受けたことはない。むしろ名前を売るための創作という気もする。役者の世界でも、テレビコマーシャルに出ることを喜ぶ師匠がいるような心理状態では、「絶望的だ」と言わざるを得ない。日本の芸能、美を求める心、そのすべてが変質していく。

今、大阪駅の近辺を歩くと、かつて父を見送った時に見た光景はもうどこにもない。天神祭も堂島とは切り離され、かつての賑わいは、もはや自分の記憶の中にしか残っていない。

戦争ですべてが燃え、復興を目指したものの、消えていったものはあまりにも多く、自分の未熟さでは後進に「これがほんまもんの芸だ」と言う答えすら見せてやれない。

こんな状況を遺産として残し、伊丹の航空隊の隊長同様、私も鶴澤清治、鶴澤清介、竹澤宗助、鶴澤清志郎、鶴澤寛太郎、鶴澤友之助、鶴澤燕二郎といった後進たちに将来を託さなければならないことを許してほしい。もはや稽古のうえでの関係を失った太夫たちのことは分からないが、誰がなんと言おうと、ここに名前を挙げた演者たちの「心」は、文楽三味線を発展させ、後世に継ぐまでに成長している。消えていく光景。消えていく心。その消えゆく絵の中に、彼らが紛れ込むことはないだろう。七代目・鶴澤寛治があの世の父に自信を持って見せられるのは彼らの存在だ。このような「期待」、「希望」を与えてくれたことに、今は心から感謝している。

略年表

	六代目 鶴澤寛治	七代目 鶴澤寛治	その他
明治5（1872）年			植村文楽軒が松島に「文楽座」を建てる。
明治17（1884）年			1月、難波神社に彦六座開場。 9月、それに対抗して、文楽座が御霊神社境内に移る。
明治20（1887）年	京都市内で生まれる。		
明治27（1894）年	九代目竹澤彌七（当時團六）に弟子入り。		
明治29（1896）年	初舞台に立つ。 その後すぐに文楽座に移る（二代目鶴澤寛治郎の門下）。		
明治31（1898）年			二代目豊澤團平死去。
明治32（1899）年			松竹が文楽座を買い取る。
大正5（1916）年			彦六座系が文楽座に吸収される。
大正15（1926）年			文楽座焼失。
昭和3（1928）年		京都市内で生まれる。	
昭和5（1930）年			四ツ橋に文楽座が再建され公演が始まる。
昭和12（1937）年	三代目鶴澤寛治郎を襲名。		

昭和18（1943）年		鶴沢寛子として初舞台を踏むも、特高警察の指示で名前を寛弘に改める。	
昭和20（1945）年			3月、四ツ橋の文楽座焼失。6月、老松座焼失。文楽はいったん滅亡。
四代目竹本津太夫の奔走で文楽が再興される。			
昭和21（1946）年			四ツ橋の文楽座を再建（バラック）。
昭和24（1949）年			GHQの強制による組合設立をめぐり、「因会」と「三和会」に分裂。
昭和30（1955）年		八代目竹澤團六を襲名。	
昭和31（1956）年	六代目鶴澤寛治を襲名。		道頓堀文楽座開場。
昭和37（1962）年	重要無形文化財保持者（人間国宝）に認定。		松竹、文楽の興行権を放棄。
昭和49（1974）年	死去。		
昭和59（1984）年			国立文楽劇場開場。
平成9（1997）年		重要無形文化財保持者（人間国宝）に認定。	
平成11（1999）年		勲四等旭日小綬章。	
平成13（2001）年		七代目鶴澤寛治を襲名。	
平成30（2018）年		死去。	

あとがき

平成三十年（二〇一八）九月。強大な台風の過ぎ去った翌日の早朝。

鶴澤寛治先生はこの世を去られた。

「この本を一冊いただければ、私はもういつ死んでもいい」そう言っておられたのに、結局私の力不足で間に合わなかったことが悔やまれてならない。

編集や資料のご提供のうえで、鶴澤寛太郎氏をはじめとするご遺族の皆さまのお力をお借りすることになった。

また、写真家の渡邉肇氏からも多大なご協力をいただいた。渡邉氏が描き出された生前の先生の姿を挿入させていただくことで、まるで生きて語っておられるような「脈」を得ることが出来た。

このようにしてようやく完成したのが、この本である。決して私が単独の著者だとはいえない。かくも出来の悪い「教え子」に、このような機会を与えてくださった先生の御心――今は静かに手を合わせるしかない。

今回の取材の中でも、本当に多くのことを教えていただいた。日本の作家の一人として、それをどのように受け止め、どのように後世に伝えてゆくのか。遺された者の使命は重い。とにかく先生の御心を感じ、それに忠実でありたいと思う。

最後に母校の出版会をご紹介くださった関西学院大学院長田淵結先生、そして快く出版を引き受けてくださった田中直哉氏に、この場をお借りして一言お礼を申し上げたい。

中野　順哉

参考文献

安藤鶴夫『文楽　芸と人』朝日新聞社（昭和55年）
石割松太郎『文樂の藝術』早川書房（昭和24年）
木谷蓬吟『文樂史』全國書房（昭和18年）
杉山其日庵『浄瑠璃素人講釈』鳳出版（昭和50年）
三宅周太郎『文樂の研究』春陽堂（昭和5年）
山口廣一『文樂の鑑賞』雪月花書房（昭和25年）
『日本の伝統芸能講座』淡交社（平成21年）

本書に掲載した写真11点は、写真家の渡邉肇氏による撮影のものです。
掲載箇所：カバージャケット・本扉、i頁、ii頁、1頁、33頁、55頁、77頁、83頁、94頁、97頁、101頁。

著者略歴

中野 順哉　JUN-YA NAKANO

作家。小説を阿部牧郎、浄瑠璃台本を七世鶴澤寛治の各氏に師事。

2000年、琵琶湖水質浄化の紙を演奏会のチラシ・プログラムに使用することで年間5000トン以上の湖水を浄化する企画を立ち上げる。

2002年より各地の歴史をテーマにした講談を創作し音楽とコラボさせた「音楽絵巻」を上方講談師・旭堂南左衛門とともにプロデュース。上演した作品は100作以上にのぼる。

2011年に室内楽団体日本テレマン協会代表に就任。演奏会を通したコミュニティー再構築、オランウータンの生息地拡大、大阪文化の国際発信などを実施。

2013年、日本テレマン協会の創立50周年を記念し、二か月にわたる街角コンサートを実施。そこから得たデータをもとに「老後の楽しみ」と「人と人が顔を合わせることで育むセキュリティー力の強化」を目指した町単位の格安コンサートを開催してゆく。

2014年には独自の視点からアナライズした大阪文化論「私の見た大阪文化」を発表。英語翻訳を併記した冊子にし、各国総領事館に配布。その論をベースに2015年関西学院大学において社会公連携プロジェクトの講義を行う。参加学生の意見をもとに「Just Osaka」と題した動画を制作しYoutubeにて配信する。

同年、ドイツ総領事館の協力のもと、大阪市中央公会堂を舞台にバッハ「ブランデンブルク協奏曲」全曲公演を毎年開催することをブランデンブルク州首相に宣言。民間団体による都市発信の成功例となる。

更には高校生と各国総領事によるシンポジウムを開催。翌年も継続開催され、大阪府より「府議場」の利用を許されるまでに成長した。

2015年より雑誌「新潮45」において「歴史再考」を執筆。新しい歴史観を提唱し物議を醸している。

2016年より滋賀県のプロデューサー・青木一との共同企画として、栗東市におけるいちじくのブランデイングに着手。

2017年8月に日本テレマン協会より独立。

2018年より内閣府参与・原丈人の提唱する公益資本主義を題材に、将来の日本のあるべき姿を高校生と議論するシンポジウムを立ち上げる。

また音楽の分野でも指揮者・梅沢和人（元大阪フィルハーモニー交響楽団コンサートマスター）のステージをプロデュース。

更に2018年より株式会社ティーエーエヌジーとともにアニメ声優の朗読劇「フォアレーゼン」をプロデュース。声と舞台の色彩のコラボレーションによる、新たな独自の文学観を生み出している。「フォアレーゼン」は現在、東北から九州まで全国で開催される舞台へと成長している。

うたかた
七代目鶴澤寛治が見た文楽

2019年2月10日 初版第一刷発行
2019年3月10日 初版第二刷発行

著　者　中野順哉

発行者　田村和彦
発行所　関西学院大学出版会
所在地　〒662-0891
　　　　兵庫県西宮市上ケ原一番町1-155
電　話　0798-53-7002

印　刷　協和印刷株式会社

Printed in Japan by Kwansei Gakuin University Press
ISBN 978-4-86283-271-9